# Eat fresh!

# SUPER SALATE

# IMPRESSUM

Bibliografische Information der Deutschen Bibliothek.

Die Deutsche Bibliothek verzeichnet diese Publikation in der deutschen Nationalbibliografie.

Detaillierte bibliografische Daten sind im Internet über http://www.d-nb.de/ abrufbar.

Hinweis zu Backofentemperaturen: Die Angaben beziehen sich auf das Backen mit Ober-/ Unterhitze im Elektroherd.

EIN BUCH DER EDITION MICHAEL FISCHER

1. Auflage 2018
© 2017 Edition Michael Fischer GmbH, Igling

Covergestaltung: Silvia Keller, Verena Raith
Redaktion und Lektorat: Natascha Mössbauer
Layout: Verena Raith
Fotos: Nadja Buchczik, Bielefeld
Food-Styling: Anton Enns, Bielefeld
Illustrationen: Pia von Miller, außer
S. 2, 8: ©Marharyta Kovalenko/Shutterstock

ISBN 978-3-86355-977-9

Printed in Solvakia

www.emf-verlag.de

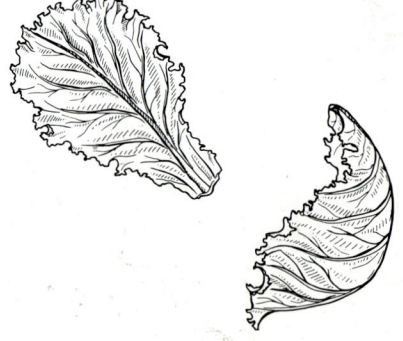

ROSE MARIE DONHAUSER

# Eat fresh!

# SUPER SALATE

## 60 REZEPTE VON FRUCHTIG BIS HERZHAFT

EIN BUCH DER
EDITION MICHAEL FISCHER

# INHALT

## VEGETARISCH & VEGAN

# VORWORT

## REIN INS SALATVERGNÜGEN

Salat gehört zu den vielfältigsten Köstlichkeiten in der Küche. Die Möglichkeiten der Zubereitungen sowie die Produktauswahl sind immens! Es gibt zigtausend Ideen, wie ein Teller abwechslungsreich bestückt werden kann, ohne dass sich die täglichen Salatgerichte wiederholen oder ähnlich sehen.

Im Fokus stehen dabei pflanzliche Lebensmittel, die meistens roh, unverarbeitet und schonend zubereitet werden. Ein frischer Salat mit einer leichten Vinaigrette, je nach saisonalem und regionalem Angebot – lecker!

Der Begriff „Salat" etabliert sich mittlerweile immer mehr vom ehemaligen Neben- zum Hauptdarsteller. Frische Salate bilden den Grundstock und bieten reichlich Möglichkeiten, diesen kreativ und schmackhaft mit Zutaten wie Gemüse, Fleisch, Fisch, Käse, Getreide, Nudeln, Früchten, Nüssen und mehr zu variieren und dadurch eine sättigende Hauptmahlzeit zuzubereiten.

Das Grundprinzip gleicht einem Baukastensystem, welches individuell ohne viel Aufwand schnell kombiniert werden kann. Und das Geheimnis heißt hier einfach: selber machen. So entstehen leckere Salatzubereitungen mit persönlichem Geschmack, die mit ausgewählten Zutaten und Dressings so gut schmecken, weil es eben selbst gewählt und frisch hergestellt ist.

Fertigsalaten und eingepackten Frischsalaten in Boxen ist nicht immer zu trauen, denn Qualität, Frische und meist auch die Salatsauce lassen zu wünschen übrig. Es mag ein Salat in guten Restaurants hervorragend schmecken, aber im Einerlei der meisten Lokale gibt es leider viele schlecht gemachte Salate. Der Grund: Oft sind die verwendeten Zutaten einfach nicht gut genug und die Liebe bei der Zubereitung fehlt.

## GESUNDHEIT SCHMECKT LECKER

Lassen Sie sich bei Ihrem Einkauf, ob an Marktständen oder im gut sortierten Supermarkt, von frischen Angeboten locken und inspirieren und genießen Sie die tägliche Dosis Gesundheit. Treiben Sie es kunterbunt und nutzen Sie die Kraft der Farben: Um ein möglichst großes Spektrum von den gesundheitsfördernden sekundären Pflanzenstoffen aufzunehmen, sollten Sie täglich Gemüse, Früchte und Salate mit unterschiedlichen Farben essen. Auf jeden Fall die Ampelfarben Grün, Gelb und Rot. Wenn zusätzlich noch Orange und Violett dabei sind, umso besser. So bekommt Ihr Körper einen wirksamen Rundumschutz vor (vermeidbaren) Zivilisationskrankheiten.

Denn wir wollen gesund bleiben und dazu gehört eine gewisse Eigenverantwortung in Bezug auf Ernährung. Dazu definiert die Weltgesundheitsorganisation (WHO) den Begriff Gesundheit wie folgt: „Gesundheit ist ein Zustand vollkommen körperlichen, geistigen und sozialen Wohlbefindens und nicht die bloße Abwesenheit von Krankheit oder Gebrechen."

Ein Wohlfühl-Salat als ausgleichende, vitaminreiche Ernährung stützt also nicht nur die Gesundheit, sondern auch das Wohlergehen. Guten Appetit.

## I LOVE SALAT

In diesem Buch finden Sie sicherlich viel Neues, kreativ umgesetzte Klassiker und viele Anregungen, um Ihren Speisezettel abwechslungsreich zu gestalten. Ob nun vegan, vegetarisch, glutenfrei oder von allem etwas mit viel dazu – ob leicht und schlank, oder etwas mehr –, die Vielfalt der Salatzubereitungen ist grenzenlos und für jeden Geschmack ist etwas dabei.

*Rose Marie Donhauser*

# GRUNDLAGEN

## EINFACH KALT GESTELLT

Das Wort Salat stammt ursprünglich von dem französischen Wort „salade" ab und bedeutet „eingesalzen". Es wurden also frische Pflanzen der Saison durch das Einsalzen haltbar gemacht, um im Winter entsprechend konservierte Lebensmittel nutzen zu können.

Die zunehmende Vernetzung und Globalisierung bieten uns heutzutage eine Rundumversorgung mit saisonaler und regionaler Ernte, sodass das Wort und vor allem das Gericht „Salat" eine vollkommen neue Bedeutung bekommen hat. Auch die Erweiterung der Zutaten von Fleisch, Fisch, Nudeln, Kartoffeln, Getreide, Eiern und Früchten gibt viele neue Möglichkeiten. Ob aus rohen oder gekochten Zutaten – oder kombiniert –, das Hauptkriterium eines Salates besteht im Anspruch darin, kalt serviert zu werden.

## ALLES SO SCHÖN BUNT HIER

In einen Salat passt eigentlich alles. Salat, Gemüse, Pilze, Kräuter, Früchte, Nüsse, Keimlinge, Samen und Getreide. Aber auch eingelegte oder gekochte Gemüse und Käse. Fleisch, Fisch und Meeresfrüchte werden gebraten, gegrillt, gekocht oder geräuchert und finden, in mundgerechte Stücke geschnitten, zudem ihren Platz im Salat. Es kommt immer auf die Komposition an, ob ein Salat ein leichtes, kalorienarmes Gericht oder einen Beilagensalat darstellen soll – oder eine vollständige Hauptmahlzeit mit den verschiedensten Komponenten. Im Allgemeinen gilt: Früher war Salat noch Nebensache, heute stellen die kunterbunt bestückten Teller eine komplette Mahlzeit dar.

## GRENZENLOSE VIELFALT

Salat essen, trinken, löffeln oder schütteln? Die moderne Art, grünen Salat zu essen, ist grüne Smoothies zu trinken. Zutaten wie Salatblätter werden gewaschen, klein geschnitten und mit Wasser püriert. Eine Faustregel besagt, dass das Verhältnis Wasser und Zutaten 50:50 betragen sollte. Das ist eine Empfehlung, entscheidend ist, ob jemand seinen Smoothie eher flüssig, cremig oder dicklich-sämig trinken möchte. Basen bildende Kost wie grüne Blattsalate und -gemüse sowie Kräuter, geschmacklich harmonisch mit vollreifen Früchten gemixt, schaffen Ausgleich und geben dem Körper neue Kraft.

Die Fortsetzung der grünen Smoothies sind die Smoothie Bowls. Dafür werden beispielsweise Salat und Obst dicklich zum Löffeln püriert und mit einem Topping aus frischen Früchten, Nüssen, Samen oder Kräutern bestreut. Eine Schüssel „Gesundes", die durch ihre vielfältigen Zutaten ein Füllhorn an Vitaminen und Mineralstoffen enthält, kann zusätzlich mit Superfoods noch angereichert werden. Das kann die eine oder andere Prise Maca oder Acai sein, Chiasamen oder ein paar getrocknete Gojibeeren.

## BOXENSTOPP UND SHAKEN

Salat lässt sich auch wunderbar mit ins Büro nehmen, um dort einen gesunden Boxenstopp einzulegen. Dazu eine Pausenbox mit frisch geschnittenen Zutaten wie Möhren, Zucchini, Salatherzen, Oliven, Paprikaschoten, Gurke und auch Käse oder Schinken bestücken. In einem separaten Becher das Dressing dazu mitnehmen.

Nach dem neuesten Foodtrend – Shaking Salads – wird jetzt geschüttelt: Dazu einfach ein entsprechendes Twist-off-Glas nehmen und darin die geschnittenen Zutaten einschichten. Beispielsweise gekochten kalten Curryreis, dann grüne Bohnen, Tomatenstücke, ein paar Streifen Eisbergsalat und obenauf gehackte und gemischte Kräuter. Eine Vinaigrette darübergießen und das Glas verschließen. Vor dem Verzehr das gefüllte Glas nach dem Motto „Shake it, Baby" schütteln.

# WEGWEISER DURCH FELDER, WALD UND WIESEN

Ein kleiner Spaziergang in der Natur, um Ideen und Anregungen für einen bunt gemischten Salat zu bekommen. Eine Vollständigkeit der Liste ist aufgrund des riesigen Angebots jedoch schwer möglich.

## GEMÜSE, PILZE UND SALATE

### ALGEN
Algen beinhalten wichtige Mineralstoffe wie Magnesium, Mangan und Jod. Sie sind äußerst kalorienarm und spätestens seit „europäischen Sushi-Zeiten" hat sie bestimmt jeder schon gegessen. Die bekanntesten Sorten sind Kombu, Hiziki, Wakame und Nori. Einfach z. B. Wakame waschen, schneiden, unter einen Salat mengen oder als Garnitur darüberstreuen.

### BAMBUSSCHÖSSLINGE
Sie sind meist in Dosen erhältlich. Besser frisch aus der Kühltheke kaufen.

### BLUMENKOHL
Feinblättrig gehobelt, in Röschen zerteilt, roh oder gekocht – die Möglichkeiten der Blumenkohl-Verwendung sind groß.

### BROKKOLI
Die grüne Schwester vom Blumenkohl ist in ganzen Röschen, fein gehobelt oder blanchiert eine bekömmliche Salatzutat.

### CHAMPIGNONS
Die Pilze roh und feinblättrig oder gebraten im Salat verwenden.

### CHICORÉE
Bei den neueren Sorten ist der leicht bittere Geschmack einfach weitgehend weggezüchtet worden.

### ROTER CHICORÉE
Dieses Gemüse ist roh am besten zu verzehren, denn beim Garen würde es seine schöne rote Farbe verlieren.

### CHILISCHOTEN
Chili schmeckt frisch oder getrocknet zu pikanten und fruchtigen Salaten.

### CHINAKOHL
Er wird oft in Wintermonaten verzehrt, wenn das Salatangebot nicht so üppig ist.

### EISBERGSALAT
Hält sich einige Tage im Kühlschrank.

### ENDIVIEN, ZUCKERHUT, LÖWENZAHN
Hierbei handelt es sich um veredelte Formen der Zichorie. Bei Endivien gibt es die breitblättrige Sommerendivie und die feinere Winterendivie, auch als Friséesalat bekannt. Zuckerhut ist winterfest, schmeckt etwas rustikaler als Endivie und ist meist nur auf Wochen- oder Bauernmärkten zu bekommen. Besonders die jungen Löwenzahnblätter sind ein Genuss. Entweder selbst sammeln oder auf Wochenmärkten kaufen.

### FELDSALAT
Dieser Salat steht meist im Winter auf der Speisekarte.

### FENCHEL
Fenchel schmeckt angenehm nach Anis und ist im Salat zusammen mit anderen Zutaten ein hervorragender Partner.

### INGWER
Ingwer ist frisch in allen Geschäften erhältlich und wird besonders von denjenigen bevorzugt, die keine Zwiebeln oder Knoblauch mögen.

### KOHLRABI
Ob geraspelt, gewürfelt, in Stangen oder Scheiben geschnitten: Kohlrabi schmeckt einfach würzig im Salat.

### KOPFSALAT
Dieser Salat ist immer wieder ein Klassiker. Varianten davon sind Eichblattsalat, Bataviasalat, Romana-Salat und wild wachsender Lattich. Radicchio gibt es in kugeligen und länglichen Ausführungen. Die roten bis hellroten Blätter schmecken würzig-aromatisch und werden mit etwas Öl weniger bitter.

### MAISKÖLBCHEN
Frische Maiskölbchen vom Asia-Markt oder frische Gemüsemaiskörner machen Salate nussiger im Geschmack.

### PAK CHOI
Pak Choi ist auch als chinesischer Senfkohl bekannt und wird gern mit Mangold verglichen. In Streifen geschnitten, ist er besonders in orientalisch gewürzten Salaten sehr gut aufgehoben.

## PAPRIKASCHOTEN

Gelb, grün, rot, violett oder weiß? Im bunten Salat sind Paprikaschoten eine wahre Vitamin-C-Bombe.

## PORTULAK

Diese würzige Gemüsepflanze macht momentan als wiederentdeckter Salat eine große Karriere.

## RETTICHE UND RADIESCHEN

Diese Gemüse sind prädestiniert für Rohkostsalate. Japanischer Riesenrettich ist mild im Geschmack und schmeckt eigentlich ganz anders als die heimischen scharfen Rettichgewächse.

## ROTE BETE

Rote Bete schmeckt roh fein geraspelt oder in Streifen geschnitten, aber auch gekocht im Salat sehr gut.

## RUCOLA

Rucola, auch als Rauke bekannt, schmeckt nussig-würzig solo oder gemischt mit anderen Salatvertretern.

## SALATGURKEN

Gurken sind ganzjährig im Angebot. Sie schmecken sehr gut in Kombination mit Borretsch, Dill, Schnittlauch, Minze und Koriandergrün.

## SAUERAMPFER

Wild wachsend oder gezüchtet, wird er wie Spinat oder Mangold verarbeitet.

## SELLERIE

Stangensellerie, Stauden- oder Bleichsellerie sind gute Salatpartner.

## SHIITAKE-PILZE

Entweder roh oder getrocknet, sind diese Pilze leckere Salatzutaten.

## SOJABOHNENSPROSSEN

Diese Sprossen gibt es zwar eingelegt und konserviert, sie sollten aber unbedingt frisch verwendet werden.

## SPARGEL

Ob weiß, grün oder grün/violett, sie eignen sich alle roh oder gekocht im Salat.

## SPINAT

Die jungen Blättchen des Frühspinats sind ideal für leckere Salate.

## TELTOWER RÜBCHEN

Diese Rübchen am besten geraspelt oder geschnipselt genießen. Alternativ können Sie auch andere regionale weiße Rüben verwenden.

## TOMATEN

Ob länglich, rund, eierförmig, klein oder groß, die Sorten-Auswahl an Tomaten ist riesengroß und sehr vielfältig.

## WEISS-, SPITZ- UND ROTKOHL

Fein raspeln oder hobeln und schon ist eine feine Salatgrundlage geschaffen.

## WILDKRÄUTER

Wildkräuter wie Brennnessel und Löwenzahn gibt es in kultivierter Form auf Bauern- und Wochenmärkten.

## WURZELGEMÜSE

Am besten im Bund sortiert, als Suppengemüse, wie z. B. Lauch, Knollensellerie, Möhre oder Petersilienwurzel. Einfach in hauchdünne Streifen schneiden oder raspeln und fertig ist ein Rohkostsalat.

## ZUCCHINI

Egal, ob gelb, grün oder mit Blüte: Zucchini sind ideal zum Schneiden oder Raspeln.

## ZWIEBELGEWÄCHSE

Entweder weiße und rote Zwiebeln, Frühlingszwiebeln, Schalotten und Knoblauch klein gewürfelt in die Vinaigrette oder Salatsauce geben. Oder Zwiebeln in Streifen schneiden und Knoblauch durch eine Presse drücken und in den Salat geben.

## NÜSSE, KEIMLINGE, SAMEN UND GETREIDE

## KEIMLINGE

Gibt es von allen wichtigen Samen/Körnern im Angebot. Oder selbst ziehen, z. B. Alfalfa, Kichererbsen, Radieschen, Sonnenblumen, Erbsen, Kresse, Linsen, Senf.

## KOKOSNUSS

Eignet sich geraspelt als Salatdeko.

## KÜRBISKERNE

Die dekorativen Kerne sind die perfekten Eiweißlieferanten.

## NÜSSE

Cashewkerne, Macadamia, Haselnüsse, Erdnüsse, Mandeln, Pinienkerne und Walnüsse sind das perfekte Topping.

## SESAMSAMEN

Sesamsamen am besten zerstoßen oder leicht geröstet über den Salat geben.

### ÄPFEL

Äpfel gib es in zig verschiedenen leckeren Sorten. Für den Salat in Scheiben oder Spalten schneiden oder raspeln. Verleiht dem Gericht mehr Frische!

### AVOCADOS

Die Früchte sind reich an essenziellen Fettsäuren, die besonders gesund sind und daher den relativ hohen Kalorienwert verteidigen können.

### BANANEN UND BABYBANANEN

In Scheibchen geschnitten, schmecken diese süßen Früchte sehr gut im Salat.

### BEEREN

Egal, ob Himbeeren, Johannisbeeren, Stachelbeeren, Brombeeren oder Blaubeeren: Die Auswahl an Beerenfrüchten ist riesig und bietet eine schöne Ergänzung – nicht nur optisch, sondern auch geschmacklich – zu den verschiedensten Salatkreationen. Auch gut für Dressings!

### DATTELN

Ob roh oder getrocknet, in der Salat- und Rohkostküche sind Datteln sehr beliebt.

### EXOTISCHE FRÜCHTE

Ausgefallene Früchte am besten nach Angebot aussuchen: Möglich sind z. B. Ananas, Curuba, Feigen, Granatäpfel, Passionsfrüchte, Kiwi, Kumquats, Kokosnuss, Lychees, Mangos, Papayas, Pitahaya, Physalis oder Sharonfrüchte.

### ERDBEEREN

Die fruchtigen Beeren passen immer, auch in pikante Salate.

### GETROCKNETE FRÜCHTE

Äpfel, Birnen, Datteln, Aprikosen, Pflaumen und exotische Früchte sind getrocknet gute Süßungsmittel für Dressings. Die Trockenfrüchte lassen sich auch einfach als Topping verwenden.

### KIRSCHEN

Süß- und Sauerkirschen stehen saisonal zur Auswahl.

### MELONEN

Hier gibt es etliche, leckere Sorten. Erfrischender, kalorienarmer Geschmack!

### OLIVEN

Oliven sind Klassiker! Egal, ob grün oder schwarz, gefüllt mit Paprika und Mandeln oder eingelegt in verschiedene Kräuter. Die kleinen Früchte verleihen allen Salaten einen extra Würzkick.

### WEINTRAUBEN

Weintrauben – klein oder groß, hell oder blau – sind zum Naschen oder als Beigabe in Salaten ein Hit.

### ZITRUSFRÜCHTE

Grapefruits, Sweetie, Orangen, Mandarinen, Limetten, Pomelos und Zitronen: Diese Früchte lassen sich entweder solo einsetzen oder beliebig variieren.

### BÄRLAUCH

Möglichst in der Frühjahrs-Saison frischen Bärlauch klein schneiden, in ein Glas geben und mit Olivenöl aufgießen. Bei Salatzubereitungen das Bärlauchöl als Grundlage verwenden.

### CAYENNEPFEFFER

Die getrockneten und pulverisierten Chilischoten sind zum Abrunden von Saucen und Dressings immer zu empfehlen.

### CURRY

Diese Gewürzmischung besteht aus mindestens sieben, oftmals bis zu 20 Gewürzen. Für Salate ein toller und pikanter Gewürzkick.

### DICKSÄFTE

100 % konzentrierter Saft aus Äpfeln, Birnen oder Mischobst lässt sich gut zum Süßen von Dressings verwenden.

### FENCHELSAMEN

Diese Samen gibt es ganz oder gemahlen im Angebot. Fenchel hat ein süßlich-anisartiges Aroma. Die Samen werden von den reifen Früchten des Gewürz- oder Gemüsefenchels geerntet.

### GALGANT

Galgant sieht aus wie frischer Ingwer und ist so zu verwenden. Außerhalb Asiens ist er oft nur in pulverisierter Form erhältlich.

### GARAM MASALA

Diese Gewürzmischung besteht zu gleichen Teilen aus Zimt, Nelken, Muskatnuss, Kardamom und Schwarzkümmelsamen.

### GOMASIO

Diese Gewürzmischung ist in der Regel im Reformhaus oder in diversen Asia-Läden erhältlich und besteht aus etwa 10 Teilen Sesam und einem Teil Salz. Verleiht dem Salat die perfekte Würze!

### HONIG

Honig ist der natürliche Universalsüßer. Am besten auf das Angebot der unterschiedlichsten Honigsorten achten: Von Orangenblütenhonig bis hin zu Rosenblütenhonig gibt es so ziemlich alles.

### INGWER

Ingwer ist in pulverisierter oder eingelegter Form erhältlich. Am besten frisch kaufen.

### KOKOSNUSSMILCH ODER -PASTE

Kokosmilch ist auch als „Cream of Coconut" im Handel erhältlich und wird aus dem Fruchtfleisch der Kokosnuss gewonnen. Darauf achten, dass das Produkt nicht gezuckert ist. Für Dressings zu empfehlen.

### KORIANDERGRÜN

Das Kraut ist auch als Cilantro oder chinesische Petersilie bekannt, ein Duft und Geschmack, der sich mit keiner anderen Kräuterart vergleichen lässt.

### KREUZKÜMMEL

Das Gewürz ist in der orientalischen und asiatischen Küche sehr beliebt und gibt Salaten oft den richtigen Aromakick. Kreuzkümmel oder Cumin ist nicht mit gewöhnlichem Kümmel zu verwechseln.

### MISO

Miso ist eine Paste aus fermentierten Sojabohnen. Sehr beliebt zum Würzen.

### MUSKATBLÜTE

Hier handelt es sich nicht um die Blüte der Muskatnuss, sondern den fleischigen, karmesinroten Samenmantel. Die Blüten gibt es entweder ganz oder in gemahlener Form im Angebot.

### PFEFFERMINZE

Pfefferminze schmeckt nicht nur im Tee, sondern gibt auch Salaten oder Saucen einen erfrischenden Geschmack.

### SAFRAN

Egal, ob in pulverisierter Form oder als Fäden: Safran verleiht vielen Salaten oder auch Dressings ein zusätzliches würziges Geschmacksaroma. Unbedingt probieren!

### SALATGEWÜRZMISCHUNGEN

Bei bereits fertigen Salatgewürzmischungen sollte unbedingt auf Bio-Qualiät und die Zutatenliste geachtet werden. Oftmals sind darin nämlich Geschmacksverstärker und zuviel Salz enthalten.

### SALZ UND PFEFFER

Salz und Pfeffer sind die Grundgewürze der Küche. Erhältlich sind sie in allen möglichen Sorten und Ausführungen. Eine reiche Palette, die geschmacklich sehr unterschiedlich ist.

### SCHNITTLAUCH

Die würzende Kräuterart mit zwiebelartigem Geschmack verleiht vielen Salaten das gewisse Extra.

### SENF

Würz- oder Reformsenf sind eine gute Grundlage für Dressings. Dijon-Senf ist die perfekte Basis für eine gute Vinaigrette.

## FRISCH AUS DEM KRÄUTERGARTEN

Kräuter sind nützliche Pflanzen, die mit ihrer gesunden Frische und ihrem Aroma gut würzen, ob in Blattform oder als Stängel oder Zweige. Frisch oder getrocknet, auch gefriergetrocknet, sind sie aus der Küche nicht mehr wegzudenken. Es gibt etwa 15 000 essbare Wildpflanzen in Europa, wobei im tatsächlichen Gebrauch nur einige wenige sind, wie beispielsweise: Petersilie, Dill, Schnittlauch, Basilikum, Oregano, Pimpernelle, Kresse, Kerbel, Majoran, Thymian, Estragon, Sauerampfer, Borretsch, Zitronenmelisse und Koriander.

Aus historischer Sicht waren die Kräuter ursprünglich den Apothekern vorbehalten, da die heilende Wirkung im Vordergrund stand. Erst mit der Zeit fanden die Kräuter auch Zugang in die Küche, nicht zuletzt wegen der ätherischen Öle, die ein jeweils typisches Aroma verströmen. Frische Kräuter entfalten den besten Geschmack, getrocknete oder gefriergetrocknete Kräuter haben jedoch auch ihre spezielle Würzkraft. Besonders in einer vitalen frischen Küche werden zu jedem Gericht frische Kräuter verwendet, da sie gut würzen und auch der Bekömmlichkeit sowie einer guten Verdauung dienen.

# EIN GUTES PFLANZENÖL FÜR DEN SALAT

Beste Produkte ergeben beste Resultate. So auch bei Salatzubereitungen, die zum Anmachen der Sauce einen guten Untergrund brauchen. Welches Pflanzenöl in einem Haushalt den Vorzug bekommt, entspricht dem Geschmack sowie auch dem Preis. Oftmals auch der Haltbarkeit, denn nicht jedes Öl ist beliebig lang haltbar. Gute Pflanzenöle für den Salat sollten auch kalt gepresst sein, damit die ätherischen Öle gut zur Geltung kommen. Grundsätzlich sollten alle Öle dunkel im Trockenschrank gelagert werden und auch zügig verbraucht werden. Distelöl, Erdnussöl, Hanföl, Haselnussöl, Kürbiskernöl, Leinöl, Macadamiaöl, Maiskeimöl, Mandelöl, Olivenöl, Pistazienöl, Rapsöl, Senfsaatöl, Sesamöl, Sojaöl, Sonnenblumenöl, Traubenkernöl, Walnussöl bieten abwechslungsreichen Genuss. Nachfolgend die sechs beliebtesten Öle in der Salatküche.

## SONNENBLUMENÖL

Dieses Öl wird aus den Samen der Blume gewonnen. Es ist geschmacklich neutral, von heller Farbe und gehört zu den meistverwendeten Ölen. Gesundheitlich kann es mit 65 % mehrfach ungesättigten Fettsäuren und über 27 % einfach ungesättigten Fettsäuren punkten.

## RAPSÖL

Wird durch Pressung aus den Samen der Rapspflanze erzeugt. Es schmeckt mild und die Farbe kann von Dunkel- bis Hellgelb variieren, abhängig davon, ob es kalt gepresst oder raffiniert wurde. Die 70 % einfach und 30 % mehrfach ungesättigten Fettsäuren sind ein guter Beitrag zu unserer Gesundheit.

## TRAUBENKERNÖL

Bei der Kaltpressung von Weintraubenkernen nach der Weinherstellung entsteht ein würziges, nussiges grüngoldenes Öl, das für Salatzubereitungen sehr empfehlenswert ist. Auch hier punkten die enthaltenen ungesättigten Fettsäuren sehr hoch.

## KÜRBISKERNÖL

Intensiv-würziger Geruch strömt aus der Flasche. Das dunkelgrüne Öl wird aus geschälten oder ungeschälten Samen des Ölkürbisses gewonnen. Der Preis ist hoch für das sehr gute Produkt. Kleine Flaschen kaufen, da das Öl schnell ranzig wird.

## WALNUSSÖL

Dazu werden die Kerne zu hellgelbem bis grünlich schimmerndem Öl gepresst. Die Nussigkeit des Öls wird dadurch verstärkt, dass die Kerne vor dem Pressen geröstet werden. Walnussöl erfreut sich in der kalten Küche großer Beliebtheit, aber auch deswegen, weil es nicht zum Erhitzen geeignet ist.

## GROSSE AUSWAHL AN OLIVENÖLEN

Der frisch angemachte Salat wird in diesem Buch mit verschiedenen Olivenölen, je nach Gusto, zubereitet: Dazu stehen zwischen acht und zwölf unterschiedlich gewürzte Olivenöle zur Verfügung. Aromatisiert mit Knoblauch, gemischten oder einzelnen Kräutern, Zitronen, Chili, Orange, Rosinen, Nüssen oder eben auch pur ohne Zusatz.

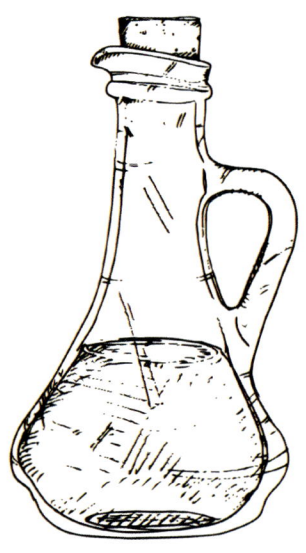

# DIE OLIVENÖLE

Für die Herstellung von nativem bzw. naturbelassenem Olivenöl sind eine schonende Handhabung und ein mechanisches Verfahren nötig. Dazu werden die Oliven gereinigt, gewaschen, zermahlen und gepresst. Während dem Pressen trennt sich das abfließende Öl vom Fruchtwasser, meist per Zentrifuge, bei dessen Vorgang auch trübe Schwebeteilchen herausgefiltert werden. Dabei dürfen keine Hitze oder chemische Substanzen als Hilfsmittel angewendet werden. Das erklärt den Begriff „kalt gepresst".

Raffinierte Öle hingegen werden mit chemischen Lösungsmitteln und hoher Hitzeeinwirkung gewonnen. Was bleibt, ist ein neutrales, geruchs- und geschmackfreies, farbloses Öl. Bei der Bezeichnung „Olivenöl" wird ein Teil natives Olivenöl hinzugefügt, um Farbe und Geschmack für den Verbraucher „olivenähnlicher" anzubieten.

## WELCHER GESCHMACKSTYP SIND SIE?

Weltweit existieren 150 verschiedene Olivensorten und dazu unzählige Ölmischungen aus zwei bis drei Sorten.

Olivenöle werden in drei Grundgeschmacksrichtungen, „mild", „mittel" und „fruchtig" eingeteilt. Das steht zwar nicht auf den Flaschen, aber bei einer fachlichen Beratung im Feinkostgeschäft Ihres Vertrauens oder durch intensive Eigenverkostung kristallisiert sich das schnell heraus.

................................................................

### EXTRA NATIVES OLIVENÖL

So darf sich nur Olivenöl bester Qualität aus erster Pressung, höchsten Ansprüchen an Geruch und Geschmack nennen, mit einem Fettsäuregehalt von maximal 1 g pro 100 ml Öl.

................................................................

### NATIVES OLIVENÖL

Gleiche Qualität wie Extra Natives Olivenöl, nur mit der Einschränkung von maximal 2 g Fettsäuren pro 100 ml Öl.

................................................................

### OLIVENÖL

Wenn nur Olivenöl auf der Flasche steht, handelt es sich um kein naturreines Produkt, sondern um eine Mischung aus raffiniertem und einem kleinen Teil nativem Olivenöl. Der Fettsäuregehalt beträgt 1,5 g pro 100 ml Öl.

# ORANGENÖL

 Für 1 Flasche (500 ml)   Ⓒ 10 Minuten

1 Bio-Orange • ½ l Olivenöl

Mit einem Ziselierer oder Zestenreißer von der Orangenschale feinste Streifen abziehen. Diese in ein Sieb geben und mit kochend heißem Wasser übergießen. Kalt nachspülen, abtropfen lassen und mit Küchenpapier trocken tupfen.

Die Orangenstreifen in eine Flasche geben und mit Olivenöl aufgießen. Die Flasche gut verschließen.

### Tipp
Besonders aromatisch für Blattsalate. Sollten Sie keinen Schalenreißer besitzen, dann schälen Sie die Orange so, dass an der orangen Schale keine weiße Schale mehr übrig bleibt. Die Schalenstücke überbrühen und erst dann sehr fein schneiden.

### Variante
Für ein Zitronenöl genauso verfahren wie beim Orangenöl. Allerdings sollten hier 2 Zitronen verwendet werden.

# KNOBLAUCHÖL MIT OREGANO

 Für 1 Flasche (500 ml)    15 Minuten

4 Knoblauchzehen • 2 Oreganostängel • ½ l Olivenöl

Die Knoblauchzehen schälen und halbieren. In ein Sieb legen, mit kochend heißem Wasser überbrühen, abtropfen lassen. Oreganostängel waschen, mit Küchenpapier trocken tupfen.

Knoblauch und Oreganostängel in ein Glas (oder Flasche) mit breiter Öffnung geben. Mit Olivenöl aufgießen. Verschließen.

Knoblauch und Kräuter nach etwa 1 Woche entfernen.

### Tipp
Bei diesem Würzöl können Sie anstatt Oregano auch frisches Basilikum oder getrocknete Lorbeerblätter verwenden.

### Variante
1 Knolle Knoblauch schälen, fein hacken. In einer Schüssel mit Olivenöl aufgießen. Gut verschließen und in den Kühlschrank stellen. Haltbarkeit knapp 1 Woche.

# CHILIÖL MIT SALBEI

 Für 1 Flasche (500 ml)    10 Minuten

5–6 frische rote Chilischoten • 2 frische Salbeizweige • ½ l Olivenöl

Die Chilischoten waschen, längs aufschlitzen und entkernen. In ein Sieb geben, mit kochend heißem Wasser begießen und mit kaltem Wasser abschrecken. Anschließend mit Küchenpapier trocken tupfen.

Die Salbeizweige waschen und trocken tupfen. Chili und Kräuter in ein Glas (oder Flasche) geben und mit Olivenöl aufgießen. Gut verschließen. Nach 1 Woche können die Salbeizweige wieder entfernt werden.

### Varianten
Egal, ob Rosmarin, Basilikum, Thymian, Lavendel oder Petersilie: Setzen Sie Ihr persönliches Lieblingsöl an. Natürlich nur mit dem bestem Olivenöl – olio extra vergine! Denn das Würzöl ist immer so gut, wie die Qualität, die das Grundöl aufweist.

# WELCHER ESSIG DARF ES DENN SEIN?

Essig, dieses „saure Etwas" hat seinen Platz in der oberen Würzliga bekommen. Feinschmecker geraten dabei regelrecht ins Schwärmen – und mittlerweile gibt es in diesem „sauren Bereich" eigentlich alles, auch was den Preis betrifft.

Im Küchenregal werden sich bestimmt einige Essigflaschen aneinanderreihen, denn Essig birgt nicht nur die saure Würznote, sondern hat auch an unterschiedlichen Kräutern und Zusätzen einiges zu bieten. Essige und aromatisierte Essige sind Grundlagen für würzige Dressings. Beispielsweise gemischter Kräuteressig, Petersilienessig, Kirschessig, Apfelessig, Himbeeressig, Rosenessig, Basilikumessig, Zitronenthymianessig, Aceto Balsamcio, Reisessig, Dillessig, Knoblauchessig oder selbst kreierter Gewürzessig. Nachfolgend werden die grundlegenden Unterschiede verschiedener Essigsorten kurz erklärt, aber auch ein paar Rezepte dürfen nicht fehlen.

## ACETO BALSAMICO TRADIZIONALE

Ein Siegel und geschützte Bezeichnung für höchste Qualität, Herkunft und Alter, die ihren Preis haben. Und das kommt nicht von ungefähr, für einen Liter Aceto Balsamico Tradizionale mit einem Mindestalter von zwölf Jahren braucht man 25 Liter süßen, weißen Traubenmost von einer bestimmten Traubenart, meist Trebbiano. Der Rest sind jahrelanges Warten und Geduld, Lagern und Umfüllen von großen Holzfässern in kleinere Fässer und natürlich das Geheimrezept jeder Familie. Die Echtheit des Acetos erkennt man an der runden Flasche. Die braune Farbe wird durch das Lagern und die Wanderung durch edle Holzfässer aus Kastanie, Eiche, Esche, Maulbeer, Kirschbaum etc. und teils jahrzehntelange Lagerung erreicht.

## ACETO BALSAMICO DI MODENA

Balsamico-Produzenten, die nicht den Zusatz „tradizionale" tragen, haben mit dem Original, außer der dunklen Farbe, nichts gemein. Es sind billigere Essigsorten, deren Farbe durch Zuckerkulör, Malz oder Kräuterextrakte erreicht wird.

## APFELESSIG

Wird aus vergorenem Apfelmost hergestellt und hat seine Karriere vornehmlich in der Gesundheitssparte absolviert. Es gibt unterschiedliche Apfelessige, von einfach bis exklusiv.

## BRANNTWEINESSIG

Wird aus Rüben-, Korn- oder Kartoffelbranntwein hergestellt. Es ist der einfachste und preiswerteste Essig überhaupt.

## ESSIGESSENZ

Diese ätzende und stechend riechende Flüssigkeit wird ausschließlich synthetisch hergestellt. Es ist eine mit Wasser verdünnte Essigsäure, die pro 100 ml zwischen 50 und 80 Gramm reine Essigsäure enthält. Bei den Salatrezepten in diesem Buch wird sie nicht als kulinarische Zutat empfohlen.

## KRÄUTERESSIG

Mit frischen oder getrockneten, gemischten oder einzelnen Kräutern aromatisierte Weißweinessige. Rotweinessige mit Kräutern gibt es fast nicht, da Rotwein zu dominant schmeckt und die eingelegten Kräuter optisch nicht auffallen würden.

## REISESSIG

Wird aus Reiswein, in Japan aus Sake, hergestellt. In Japan ist es ein klarer, milder Essig, der für Saucen und Sushi verwendet wird. In China ist der Reisessig dunkelbraun und von kräftigem Geschmack. Der thailändische Reisessig ist klar, mild und zum Würzen von allen Salaten geeignet.

## ROTWEINESSIG

Der Grundstock ist Rotwein mit einem kräftigen Aroma, was über die Qualität entscheidet. Bei den „Rolls-Royce" unter den Rotweinessigen werden (Essig-)Weingut und Rebsorte genannt.

## SHERRYESSIG

Von sehr hell bis kräftig dunkel reichen die Tönungen der Essige, die sofort erkennen lassen, ob es sich um ältere Sherrys oder jüngere bei der Herstellung von Essig handelt.

## WEISSWEINESSIG

Kräftige Weißweine mit 7 % Säure bilden den Grundstock für einen kräftigen Essig. Auch hier werden bei teuren Essigen Rebsorte und Weingut genannt. Grundsätzlich ist Weißweinessig wesentlich milder als Rotweinessig.

## CHILIESSIG MIT KORIANDER

 Für 2 Schraubgläser à 250 ml ⏱ 10 Minuten

5 frische rote Chilischoten • 4 Stängel Koriandergrün • 100 ml Sherryessig • 100 ml trockener Sherry • 100 ml weißer Rum

Die Chilischoten waschen und mit einer Gabel anpieksen. Das Koriandergrün waschen, trocken schütteln und anschließend die Wurzeln abschneiden.

Sherryessig, Sherry und Rum vermischen und in heiß ausgespülte, abgetropfte Twist-off-Gläser füllen. Chilischoten und Koriandergrün hineinlegen und die Gläser mit Schraubdeckeln fest verschließen. Anschließend in den Kühlschrank stellen. Nach 1 Woche das Koriandergrün entfernen.

### Tipp
Die Wurzeln vom Koriandergrün in einen Topf pflanzen und frisches Koriandergrün ziehen. Das funktioniert genauso problemlos, wie mit Petersilie.

## HIMBEERESSIG

 Für 4 Schraubgläser à 250 ml ⏱ 10 Minuten

500 g reife Himbeeren • ½ l Rotwein- oder Weißweinessig

Die Himbeeren verlesen, waschen und mit Küchenpapier trocken tupfen. In heiß ausgespülte, abgetropfte Twist-off-Gläser verteilen und mit Essig aufgießen. Mit Schraubdeckeln luftdicht verschließen und die Gläser anschließend an einem warmen Ort aufbewahren.

Die Gläser jeden Tag vorsichtig etwas hin- und herbewegen. Den Essig nach 2 Wochen durch ein Mulltuch gießen und in eine Flasche abfüllen. Die Flasche gut verschließen und im Kühlschrank lagern.

### Tipp
Geben Sie zu den Himbeeren, je nach Geschmack, 1 Esslöffel rote Pfefferkörner oder grüne, eingelegte Pfefferkörner. Der Himbeeressig bekommt dadurch mehr Würze und einen leicht pfeffrigen, aber nicht scharfen Geschmack.

## SALAT RICHTIG ZUBEREITEN

Frische Salate wie Blattsalate sollten zwischen Einkauf und Verwendung nicht zu lang, im Höchstfall übers Wochenende, gelagert werden. Salate am besten immer mit dem Strunk nach oben im Gemüsefach lagern. Zum Waschen den Strunk herausdrehen, so lösen sich die Blätter und können unter fließendem kaltem Wasser gesäubert werden. Damit die Blätter nicht zu sehr gedrückt werden, ist auf jeden Fall eine Salatschleuder zu empfehlen. Dazu einfach den Salat in das Sieb geben und mit einem Seil oder einer Kurbel, je nach Fabrikat, trocken schleudern.

Das vorbereitete Dressing oder eine einfache Essig-Öl-Mischung am besten erst kurz vor dem Servieren unter den Salat mischen. Steht eine Salatmischung zu lang, sieht diese ziemlich schnell welk und unappetitlich aus.

Fehlt der „Kick" bei der Vinaigrette, einfach noch etwas würzigen Käse dazureiben. Parmesan beispielsweise ist recht salzig und gibt dem Salat, neben dem zusätzlichen Geschmack, insgesamt auch etwas mehr Volumen.

# HAUSGEMACHTE DRESSINGS AUF VORRAT

Köstlich pikante Saucen sind das i-Tüpfelchen für einen gut zubereiteten Salat. Im Prinzip sind alle Dressings fix gemacht, sodass es keiner großen Vorratshaltung bedarf. Zudem werden Dressings mit Grundlagen wie frischen Gemüsen, Kräutern und Eigelben nicht besser, wenn sie tage- oder wochenlang im Kühlschrank lagern. Folgende Grundrezepte gehören zur klassischen Salatküche und sind selbst gemacht viel besser als gekaufte Fertigprodukte. Bei jedem Rezept in diesem Kochbuch sind abwechslungsreiche Salatsaucen angegeben, sie sind aber natürlich auch, je nach persönlichem Geschmack, mit diesen Klassikern austauschbar.

## ASIA-WÜRZ-VINAIGRETTE

 Für 1 Flasche (etwa 500 ml Inhalt)   25 Minuten

1 Möhre (etwa 150 g) • 1 mittelgroße Zwiebel • 1 Stück Ingwer (etwa 2 cm) • 1 Knoblauchzehe • 200 ml Rapsöl • 50 ml Sojasauce • 100 ml Reisessig • 20 ml dunkles Sesamöl • Saft von 1 Limette • Meersalz • grob geschroteter schwarzer Pfeffer

Möhre, Zwiebel, Ingwer und Knoblauchzehe schälen und in kleine Stücke schneiden.

Alle Zutaten in einen Standmixer geben. Langsam starten und gut mixen. Mit Meersalz und Pfeffer leicht würzen.

### Variante
Für die klassische Variante: Ein sehr gutes Pflanzenöl, vermischt mit einem guten Essig, stellt die Basis dar. Ein paar frische Kräuter, Zwiebel, Knoblauch und eine Messerspitze Senf dazu – und fertig ist die Vinaigrette.

### Tipp
Luftdicht im Kühlschrank verpackt hält sich das Dressing etwa 3–5 Tage.

## FRENCH-DRESSING

 4 Portionen  10 Minuten

1 Knoblauchzehe • 1 TL Dijon-Senf (oder mittelscharfer Senf) • 1 Eigelb • 1 EL Weißweinessig • 5 EL Gemüsebrühe • 1 Prise Zucker • 5 EL Pflanzenöl (Raps- oder Weizenkeimöl) • Salz • weißer Pfeffer • nach Geschmack: Cayennepfeffer und 1 Spritzer Worcestersauce

Die Knoblauchzehe schälen und durch eine Knoblauchpresse drücken. Zusammen mit Senf, Eigelb, Weißweinessig, Gemüsebrühe und Zucker verrühren.

Mit einem elektrischen Handrührgerät kräftig rühren und langsam das Pflanzenöl zugießen. Es sollte eine homogene Sauce entstehen. Mit Salz, Pfeffer und nach Geschmack mit Cayennepfeffer und Worcestersauce würzen.

### Tipps
Diese cremige Salatsauce entsteht aus der Basis einer Mayonnaise und schmeckt mit Blattsalaten, Gemüse wie Möhren, Tomaten, Gurke und Zucchini. Nach individuellem Geschmack kann man das Dressing mit Kräutern und Gewürzen beliebig erweitern und verfeinern.

Am besten in einem verschließbaren Schüttelbecher im Kühlschrank aufbewahren. Vor der Verwendung nochmals gründlich schütteln oder verrühren.

# THOUSAND ISLAND DRESSING

 4 Portionen  20 Minuten

........................................................................

1 kleine Zwiebel • ½ rote Paprikaschote • 2 Cornichons • 2 Eigelbe • ½ TL scharfer Senf • 100 ml Pflanzenöl • 2 EL Tomatenketchup • Salz • schwarzer Pfeffer aus der Mühle • Tabasco • 1 EL Zitronen- oder Orangensaft

........................................................................

Die Zwiebel schälen und fein würfeln. Die Paprikaschote waschen, entkernen und in sehr feine Würfelchen schneiden. Die Cornichons ebenfalls klein würfeln.

Die Eigelbe mit Senf verrühren und mit einem elektrischen Handrührgerät das Pflanzenöl langsam unterschlagen.

Die dickliche Creme mit Tomatenketchup verrühren und mit Salz, Pfeffer, Tabasco und Zitrussaft würzen. Zuletzt die Gemüsewürfel unterrühren. Nochmals abschmecken.

### Tipp
Um das Dressing flüssiger zu machen, einfach ein paar zusätzliche Esslöffel Gemüsebrühe unterschlagen.

# JOGHURTDRESSING

4 Portionen 20 Minuten

........................................................................

1 kleines Bund Schnittlauch • 1 Knoblauchzehe • 1 Becher Naturjoghurt (150 g) • Saft von ½ Zitrone • Salz • schwarzer Pfeffer aus der Mühle • nach Belieben etwas Cayennepfeffer oder Rosenpaprika

........................................................................

Den Schnittlauch waschen, trocken schütteln und in feine Röllchen schneiden. Die Knoblauchzehe schälen und durch eine Presse zum Naturjoghurt drücken. Mit Zitronensaft verrühren und mit Salz, Pfeffer, nach Belieben mit Cayennepfeffer oder Rosenpaprika würzen. Die Schnittlauchröllchen untermischen.

### Tipps
Das Joghurtdressing halb mit Naturjoghurt und halb mit saurer Sahne herstellen. Nach Belieben zusätzlich mit scharfem Senf und Zwiebelwürfeln würzen.

Frische Kräuter wie Petersilie, Schnittlauch oder Basilikum geben diesem leicht säuerlich schmeckenden Dressing den nötigen Geschmack. Am besten immer frisch herstellen.

# REZEPTE

**FLEISCH & FISCH** S. 24–61

**VEGETARISCH & VEGAN** S. 62–123

CHILI-FRUCHTIG, EIN HINGUCKER

# MANGO-GAMBAS IM SALATGLAS

8 rohe geschälte
Garnelen (á etwa 20 g)

¼ Bio-Limette
(oder Zitrone)

Salz

schwarzer Pfeffer aus
der Mühle

1 kleine saftige Mango

1 Frühlingszwiebel

½ kleine rote Chilischote

3 EL Olivenöl

½ TL Zucker

Saft von ½ Orange

1 EL Sherryessig

150 g Gemüsemais

1 Kopfsalatherz

### Außerdem
1 TL geröstete Kokosraspel
zum Garnieren

1 TL Gojibeeren zum Garnieren

ein paar frische
Korianderblätter zum
Garnieren

25 Minuten

2 Portionen

Für dieses Rezept eignen sich größere Cocktailgläser oder hübsche Schraubgläser mit etwa 400 ml Fassungsvermögen. Entweder als Vorspeise – oder mit einer Auswahl an italienischen Antipasti und Bruschetta als Hauptspeise servieren.

Die Garnelen waschen und mit Küchenpapier trocken tupfen. Mit Limetten- oder Zitronensaft beträufeln und mit Salz und Pfeffer würzen. Die Mango schälen und das Fruchtfleisch in kleine Würfel schneiden. Die Frühlingszwiebel putzen, waschen und fein würfeln. Die Chilischote säubern, entkernen und ebenfalls fein würfeln.

In einer Pfanne 1 Esslöffel Olivenöl erhitzen und darin Frühlingszwiebel- und Chiliwürfel 1 Minute andünsten. Mit Zucker bestreuen, alles kurz karamellisieren und mit Orangensaft begießen. Die Pfanne vom Herd ziehen und den Pfanneninhalt mit je 1 Esslöffel Olivenöl und Sherryessig verrühren. Mit Salz und Pfeffer abschmecken.

Den Gemüsemais in einem Sieb abtropfen lassen. Das Kopfsalatherz in Blätter zerpflücken, waschen, trocken schleudern und quer in Streifen schneiden. Maiskörner mit Mangowürfeln und Salatstreifen mit der Orangenmarinade locker vermengen.

Die Garnelen in 1 Esslöffel heißem Olivenöl auf jeder Seite kurz anbraten. Die Salatmischung in die Gläser füllen oder einschichten und je nach Belieben dazwischen 1–2 Garnelen geben und die restlichen auf dem Salat anrichten.

Nach Belieben mit 1 Teelöffel gerösteten Kokosraspeln oder 1 Teelöffel Gojibeeren und ein paar frischen Korianderblättern garnieren.

### Mitnehm-Variante fürs Büro
Das Dressing in einem kleinen Becher luftdicht verschließen. Anstatt gebratener Garnelen gekochte Eismeer- oder Cocktailgarnelen verwenden und mit Gemüsemais, Mango und Salatstreifen in einem Schraubglas verschließen. Kühl stellen. Zum Verzehr das Dressing in das Schraubglas gießen, verschließen und alles gut schütteln.

### Gut zu wissen
Rohe Garnelen sind oft noch nicht entdarmt. Dazu mit einem scharfen Messer am Rücken entlang die Garnelen einschneiden und unter fließendem Wasser die dünnen schwarzen Stränge entfernen.

# JOGHURT-SPINAT-KUGELN MIT LAMMHACK UND MÖHREN

1 kleine Zwiebel

1 Knoblauchzehe

1 EL Pflanzenöl

150 g Lammhackfleisch

Salz

schwarzer Pfeffer
aus der Mühle

½ TL Ras el-Hanout
(orientalisches Gewürz)

100 g kleine Strauchtomaten

500 g Baby-Spinat

2 Frühlingszwiebeln

150 g Naturjoghurt

1 Msp. gemahlener Safran

2 mittlegroße Möhren

Cayennepfeffer

### Außerdem
1 EL gehackte Walnusskerne
zum Garnieren

35 Minuten

2 Portionen

Dieses Rezept kann auch noch als andere Salatvariante serviert werden. Dazu 250 g rohen Baby-Spinat, Tomaten und Möhrenraspel mit Olivenöl, Weißweinessig, Salz und Pfeffer anmachen und großflächig auf Teller verteilen. Dann mit gebratenem Lammhackfleisch und Joghurtdressing löffelweise überziehen und mit Frühlingszwiebeln bestreuen.

Die Zwiebel und die Knoblauchzehe schälen und fein würfeln. Das Pflanzenöl in einer Pfanne erhitzen und darin die Zwiebel- und Knoblauchwürfel 1 Minute dünsten. Das Hackfleisch hinzufügen und unter Rühren etwa 5 Minuten krümelig braten. Mit Salz, Pfeffer und Ras el-Hanout würzen. Die Tomaten waschen, vierteln und unter den Pfanneninhalt mischen. Einige Minuten bei kleiner Hitze garen.

Den Blattspinat verlesen, waschen und in kochendes Salzwasser geben. Sobald das Wasser wieder aufkocht, abgießen und den Spinat mit kaltem Wasser abschrecken. Kleine Portionen aus dem Sieb nehmen, mit den Händen sehr gut ausdrücken und zu kleinen Kugeln formen.

Die Frühlingszwiebeln putzen, waschen und das Weiße klein würfeln. Den Joghurt mit Safran, Salz und Pfeffer kräftig würzen. Die Möhren schälen und grob raspeln. Auf zwei große Teller die Spinatkugeln verteilen. Diese löffelweise mit gebratenem Lammhack belegen und mit Joghurt überziehen. Mit Frühlingszwiebeln und Möhrenraspeln bestreuen. Mit Cayennepfeffer bestäuben und nach Belieben mit gehackten Walnüssen garnieren.

### Tipp
Ras el-Hanout ist ein orientalisches Gewürz, das aus mindestens 25 Gewürzen besteht. Übersetzt heißt Ras el-Hanout „Chef des Ladens" und genau dieser Chef bestimmt, wie viele und welche Gewürze verwendet und vermischt werden.

### To go
Dazu die Spinatkugeln mit Joghurtdressing und gebratenem Hackfleisch in einer Box verschließen. Möhren und Frühlingszwiebeln in eine separate Box geben.

ORIENTALISCH, AUCH GUT ZUM MITNEHMEN

# HÄHNCHENSALAT MIT INGWER UND ERDNÜSSEN

200 g Hähnchenbrustfilet

1 Stück Ingwer (etwa 2 cm)

1 EL Pflanzenöl

Salz

schwarzer Pfeffer aus der Mühle

2 EL ungesalzene Erdnusskerne

1 EL gehackte Petersilie

100 g Sojabohnenkeimlinge

4 große Blätter Chinakohl

1 kleiner Pak Choi

1 gelbe Paprikaschote

2 EL Olivenöl

1 EL helle Sojasauce

### Außerdem
1 TL Sesamöl

Krabbenchips zum Garnieren

etwas gemahlenes Zitronengraspulver zum Garnieren

30 Minuten

2 Portionen

Die Salatteller sind fertig bestückt – und die zarten Hähnchenstreifen kommen direkt aus der Pfanne auf den Salat.

Das Hähnchenbrustfilet waschen, trocken tupfen und in feine Streifen schneiden. Den Ingwer schälen, fein reiben und in einer Schüssel mit Hähnchenstreifen, Pflanzenöl, Salz und Pfeffer vermengen.

Die Erdnüsse grob hacken und in einer beschichteten Pfanne kurz rösten, bis sie duften. Herausnehmen und mit der gehackten Petersilie (etwas für die Deko zurückhalten) vermengen.

Die Sojabohnenkeimlinge waschen und abtropfen lassen. Die Chinakohlblätter waschen, trocken schleudern und 2 davon quer in dünne Streifen schneiden. Den Pak Choi gründlich waschen und quer in Streifen schneiden. Die Paprikaschote waschen, halbieren, entkernen und in Streifen schneiden.

Sojabohnenkeimlinge mit Chinakohl-, Pak-Choi- und Paprikastreifen in einer Schüssel vermengen. Mit Olivenöl und Sojasauce locker vermischen und mit Salz und Pfeffer würzen.

Die Fleischstreifen in einer heißen beschichteten Pfanne von allen Seiten 3–4 Minuten braten. Je 1 Chinakohlblatt mit der Salatmischung sowie den frisch gebratenen Hähnchenfleischstreifen belegen. Mit Erdnuss-Petersilie vermischen und nach Belieben mit etwas Sesamöl beträufeln.

Nach Belieben die Ränder der Salatteller mit frittierten Krabbenchips (Krupuk) garnieren und die Salatmischung mit gemahlenem Zitronengraspulver bestäuben. Mit etwas Petersilie (gehackt oder gezupft) garnieren.

### Variante
Den Pak Choi in Streifen schneiden und in 1 Esslöffel Pflanzenöl 2–3 Minuten braten. Auf die Chinakohlblätter verteilen und erst dann die Salatmischung sowie das Fleisch darübergeben.

# SALAT MIT ZWIEBELN UND KRABBEN IN DER ANANAS

50 g Kokosraspel

150 g gepulte Nordseekrabben

Saft von ½ Zitrone

1 Baby-Ananas

1 große Zwiebel

1 kleines Bund Koriandergrün (oder Petersilie)

50 g Mayonnaise

100 g Naturjoghurt

½ TL kräftiges Currypulver

Saft von 1 Orange

Salz

schwarzer Pfeffer aus der Mühle

Cayennepfeffer

30 Minuten plus 1 Stunde Marinierzeit

2 Portionen

Dieser Salat ist einfach curryhaft gut und erfrischend lecker. Schnell zubereitet und gut zum Mitnehmen.

Die Kokosraspel in einer beschichteten heißen Pfanne unter Schwenken 1–2 Minuten rösten, bis sie duften. Herausnehmen und auf einen Teller geben. Die Nordseekrabben mit Zitronensaft beträufeln und abgedeckt in den Kühlschrank stellen.

Die Ananas waschen, schälen und längs halbieren. Wegen der Präsentation den Blattschopf dranlassen. Das Fruchtfleisch mit einem kleinen scharfen Messer herauslösen und in kleine Ecken schneiden (etwa zwei Drittel verwenden, den Rest zum Naschen bereitstellen). Dabei den Strunk entfernen. Die Zwiebel schälen, halbieren und in feinste Streifen schneiden.

Koriander waschen, trocken schütteln, die Blättchen abzupfen und fein hacken (etwas für die Deko zurückhalten). Mayonnaise mit Joghurt, der Hälfte des gehackten Korianders, Currypulver sowie Orangensaft verrühren. Mit Salz, Pfeffer und Cayennepfeffer würzen.

Alle vorbereiteten Zutaten in einer Schüssel locker vermengen, abdecken und 1 Stunde im Kühlschrank ziehen lassen. Anschließend den Salat mit den Nordseekrabben vermengen, nochmals abschmecken und zum Servieren in die Ananashälften füllen. Nach Belieben mit Kokosraspeln und dem restlichen gehackten Koriander (oder ein paar ganzen Korianderblättern, alternativ auch Petersilie) bestreuen.

### Tipps
Den Salat mit einem Schaumlöffel in die Ananashälften füllen, damit überschüssige Flüssigkeit in der Schüssel bleibt.

Auch exotische Früchte wie Ananas oder Mango sollten vor dem Schälen gewaschen werden, denn durch Schälen und Schneiden kommen unwillkürlich Schmutzreste auf das geschälte Fruchtfleisch.

### Variante
Anstatt Nordseekrabben Eismeergarnelen oder gekochte Flusskrebse verwenden.

EIN HINGUCKER, FRUCHTIG-WÜRZIG

MIT CROÛTONS
UND LACHS

# WILDKRÄUTERSALAT MIT SARDELLEN-KAPERN-SAUCE

**Für die Croûtons**

2 große Scheiben entrindetes Weißbrot

1 Knoblauchzehe

1 EL Olivenöl

Salz

schwarzer Pfeffer aus der Mühle

**Für das Dressing**

2 kleine Eier

1 Bio-Zitrone

1 Sardellenfilet in Salz (aus dem Glas- oder Plastikröhrchen)

1 EL eingelegte Kapern

1 EL Weißweinessig

5 EL Pflanzenöl

2–3 Zweige Dill

1 Schale Wildkräutersalat (etwa 125 g)

1 Stange Bleichsellerie

2 dünne Scheiben Räucherlachs (oder gebeizter Lachs)

30 Minuten

2 Portionen

In Supermärkten werden Schalen mit Wildkräutersalat und Salat mit Blumen angeboten. Diese Mischungen können aus 5–8 Pflanzen bestehen und werden je nach Saison immer wieder neu gemischt.

Die Weißbrotscheiben in kleine Würfel schneiden. Die Knoblauchzehe schälen und durch eine Knoblauchpresse drücken. Das Olivenöl in einer Pfanne erhitzen und darin die Brotwürfel von allen Seiten knusprig braten. Mit Salz und Pfeffer würzen und den Knoblauch hinzufügen. Die Pfanne zur Seite ziehen.

Die Eier in etwa 10 Minuten hart kochen. Dann kalt abschrecken, pellen, halbieren und das Eigelb herausnehmen. Die Zitrone waschen, mit Kuchenpapier fest abreiben und etwa die Hälfte der Schale abreiben. Die Zitrone halbieren und eine Hälfte zu Saft pressen. Die andere Hälfte so schälen, dass auch die weiße Haut entfernt wird und aus dem Fruchtfleisch Filets herausgeschnitten werden können.

Das Sardellenfilet kalt abwaschen, trocken tupfen und fein hacken. Zusammen mit den gekochten Eigelben, der Hälfte Kapern, Zitronensaft und -abrieb, Weißweinessig und 3–4 Esslöffel Wasser in einem hohen Gefäß mit dem Stabmixer fein pürieren. Dabei nach und nach das Pflanzenöl zugießen.

Dill waschen, Blättchen abzupfen (etwas für die Deko zurückhalten) und fein hacken. Mit dem Dressing verrühren und mit Pfeffer abschmecken. Den Wildkräutersalat waschen und trocken schleudern. Den Sellerie waschen und schräg in dünne Stückchen schneiden.

Den Wildkräutersalat und die restlichen Kapern mit dem Sellerie sowie dem Dressing locker vermengen. Großflächig auf zwei große Teller verteilen. Die Croûtons darüberstreuen. Die Lachsscheiben in Streifen schneiden, zu Rosen formen und diese mit den Zitronenfilets auf den Salattellern hübsch anrichten. Mit restlichem Dill bestreuen.

### Tipp

Rosen formen heißt, dass die Lachsstreifen einfach aufgerollt werden, damit sie dekorativ aussehen.

# LACHSPRALINEN IM FELDSALAT MIT PFIFFERLINGEN

250 g gehäutetes
Lachsfilet

1 TL Zitronensaft

Salz

schwarzer Pfeffer
aus der Mühle

2–3 Basilikumzweige

1 kleines Bund Petersilie

8 dünne Scheiben
Räucherspeck
(Frühstücksbacon)

250 g Pfifferlinge

1 kleine Zwiebel

4 EL Weizenkeimöl

2–3 EL trockener Weißwein
(oder Gemüsebrühe)

100 g Feldsalat

2 EL Sherryessig

**Außerdem**
roter Pfeffer
zum Garnieren

30 Minuten

2 Portionen

Eine harmonische Zusammenstellung aus Zutaten von Meer, Feld, Wald und Kräutergarten. Dazu passt frisches Weißbrot und als Getränk derselbe Weißwein, der die Pilze in der Pfanne „parfümiert" hat.

Das Lachsfilet unter fließendem kaltem Wasser waschen, mit Küchenpapier trocken tupfen und in 8 mundgerechte Stücke schneiden. Mit Zitronensaft beträufeln und mit Salz und Pfeffer würzen.

Basilikum und Petersilie waschen und trocken schütteln. Die Basilikumblättchen abzupfen. Die Petersilienblättchen abzupfen und fein hacken. Je 1 Basilikumblatt auf 1 Lachsstück legen und mit je 1 Scheibe Speck fest umwickeln.

Die Pfifferlinge waschen, größere Exemplare dabei klein schneiden. Die Zwiebel schälen und fein würfeln. 1 Esslöffel Weizenkeimöl in einer Pfanne erhitzen und darin die Zwiebelwürfel 1 Minute andünsten. Die Pfifferlinge hinzufügen und so lange braten, bis der Pilzsaft verdampft ist. Mit Salz und Pfeffer würzen, mit Weißwein beträufeln und mit Petersilie vermischen.

Den Feldsalat waschen und am besten in einer Salatschleuder trocken schleudern. In einer zweiten Pfanne 1 Esslöffel Weizenkeimöl erhitzen und darin die Lachspralinen von allen Seiten in 2–3 Minuten kross braten. Nach Belieben zum Entfetten auf Küchenpapier legen.

Den Feldsalat mit 2 Esslöffel Weizenkeimöl und Sherryessig locker vermengen. Mit Salz und Pfeffer würzen und großflächig auf zwei große Teller verteilen. Die Pfifferlinge sowie die Lachspralinen auf dem Feldsalat anrichten. Nach Belieben mit etwas rotem Pfeffer bestäuben.

SCHÖNE
KOMBINATION

ERFRISCHEND
LECKER

# GEBRATENE PIMIENTOS MIT THUNFISCH UND BLATTSALATEN

250 g kleine grüne Paprikaschoten

6 EL Olivenöl

Meersalz

grob geschroteter schwarzer Pfeffer

1 Dose Thunfisch im eigenen Saft (185 g)

1 kleines Bund gemischte Kräuter

100 g gemischte Pflücksalate (Lollo biondo, Lollo rosso, Radicchio, Frisée)

Saft von ½ Zitrone

25 Minuten

2 Portionen

In der Gemüseabteilung sind verschiedene kleine Paprikaschoten, meist gemischt, im Angebot. Unbedingt darauf achten, welchen Schärfegrad diese Schoten besitzen. Für dieses Rezept werden kleine grüne, längliche Paprikaschoten (Pimientos de Padrón) mit mildem Geschmack verwendet.

Die Paprikaschoten waschen, mit Küchenpapier trocken tupfen und mit einer Gabel rundherum einstechen. In einer Pfanne 2 Esslöffel Olivenöl erhitzen und die Paprikaschoten einlegen. Von allen Seiten scharf anbraten, dann die Pfanne mit einem Deckel verschließen und die Schoten in etwa 5 Minuten bei schwacher Hitze fertig braten. Zwischendurch den Deckel lüften zum Wenden und zum Würzen mit Meersalz und Pfeffer.

Den Thunfisch in einem Sieb abtropfen lassen und dabei mit einer Gabel zerpflücken. Die Kräuter waschen, trocken schütteln, die Blättchen abzupfen und fein hacken. Die Pflücksalate waschen und am besten in einer Salatschleuder trocken schleudern.

Den Zitronensaft mit 4 Esslöffel Olivenöl und Kräutern verrühren und vorsichtig mit den Pflücksalaten sowie dem zerpflückten Thunfisch vermengen. Auf zwei Teller verteilen. Die gebratenen Paprikaschoten auf Küchenpapier entfetten und auf den Salattellern anrichten.

### Variante
Nach Möglichkeit frischen Thunfisch verwenden. Dazu 2 kleine frische Thunfischsteaks mit Zitronensaft, Salz und Pfeffer würzen und in der Pfanne auf jeder Seite 2 Minuten braten. Anschließend in Streifen oder kleinere Stücke schneiden und auf den Salattellern anrichten.

Dazu schmeckt Kräuterbaguette oder Knoblauchbrot.

# GORGONZOLA-FEIGEN IM REISSALAT –
# MIT SCHINKENGRIFFEL

150 g Langkornreis

Salz

1 Schalotte

1 Knoblauchzehe

1 gelbe Paprikaschote

1 kleiner Radicchio

100 g luftgetrockneter
Schinken in Scheiben

½ TL Dijon-Senf

1 EL Weißweinessig

3 EL Olivenöl

Pfeffer

2 Feigen

1–2 Spritzer Zitronensaft

50 g Gorgonzola

4 Grissini

### Außerdem

etwas frische Petersilie zum
Garnieren

30 Minuten

2 Portionen

Anstatt Radicchio können auch Romana-Salat oder Kopf-
salatherzen verwendet werden.

Den Reis in einen kleinen Kochtopf geben und mit der doppelten
Menge Wasser aufgießen. Mit Salz würzen und aufkochen lassen.
Die Hitze zurückdrehen und bei schwacher Hitze etwa 10 Minuten
garen, bis die Flüssigkeit aufgesogen ist. Den Reis in ein Sieb geben.

Den Backofen auf 200 °C (Umluft 180 °C) mit Grillstufe vorheizen
und ein Backblech mit Backpapier auslegen. Die Schalotte und die
Knoblauchzehe schälen und fein würfeln. Die Paprikaschote waschen, halbieren, entkernen und in kleine Würfel schneiden. Den Radicchio in Blätter zerpflücken und 2 große schöne Blätter waschen
und beiseitelegen. Den restlichen Salat waschen, trocken schleudern
und in schmale Streifen schneiden.

Vom Schinken 4 Scheiben zurücklegen und den Rest klein schneiden.
Zusammen mit abgekühltem Reis, Schalotten-, Knoblauch- und Pa-
prikawürfeln vermischen. Den Senf mit Weißweinessig verrühren
und nach und nach das Olivenöl unterrühren. Die Hälfte des Dressings mit dem Reissalat vermengen. Mit Salz und Pfeffer würzen.

Die Feigen waschen, quer halbieren, mit Zitronensaft beträufeln und
mit Gorgonzola belegen. Auf das Backblech geben und im Backofen
auf der mittleren Schiene 2–3 Minuten grillen, bis der Käse zerläuft.
In der Zwischenzeit je 1 Scheibe Schinken um die Grissini wickeln.

Je 1 Radicchioblatt auf einen Teller legen und den Reissalat einfüllen.
Die Radicchiostreifen mit dem restlichen Dressing vermischen. Mit
Salz und Pfeffer würzen und rund um den Reissalat anrichten. Mit
je 2 gegrillten Käse-Feigen und je 2 Schinken-Grissini belegen. Nach
Belieben mit Feigenscheiben und etwas frischer Petersilie garnieren.

### Tipp
Die „Schinkengriffel" sind so lecker, dass bestimmt mehr als nur
2 Stück pro Person vorbereitet werden.

# GLASNUDELSALAT MIT PUTE

2 getrocknete Mu-Err-Pilze

½ Packung Glasnudeln (120 g)

1 Stück Ingwer (2 cm)

250 g Putenschnitzel

4 Frühlingszwiebeln

1 rote Paprikaschote

1 EL Pflanzenöl

Salz

schwarzer Pfeffer aus der Mühle

1 kleines Bund Koriander

1 EL Sojasauce

2 EL dunkles Sesamöl

Saft von ½ Bio-Limette

### Außerdem
1 saftige Flugmango zum Garnieren

1 TL Sweet-Chili-Sauce zum Garnieren

30 Minuten

2 Portionen

Das ist so schön bei Salatrezepten, dass sie sich beliebig und spontan variieren lassen. Sind frische Flugmangos im Angebot, dann nichts wie rein damit in die Schüssel. Oder wie wäre es mit frischen Shiitake-Pilzen? Diese einfach klein schneiden und im Bratenfond der Putenstreifen kurz garen.

Die Mu-Err-Pilze sowie die Glasnudeln separat in Schüsseln mit heißem Wasser begießen und 10 Minuten quellen lassen. Den Ingwer schälen und klein würfeln. Die Putenschnitzel schräg in dünne Streifen schneiden. Die Frühlingszwiebeln putzen, waschen und in schmale Streifen schneiden. Die Paprikaschote waschen, halbieren, entkernen und in schmale Streifen schneiden.

In einer Pfanne das Pflanzenöl erhitzen und darin die Fleischstreifen von allen Seiten etwa 2 Minuten braten. Mit Salz und Pfeffer würzen. Die Pilze in ein Sieb abgießen, in kleine Stücke schneiden und in die Pfanne streuen. Nur kurz garen und die Pfanne beiseiteziehen.

Den Koriander waschen, Blättchen abzupfen (etwas für die Deko zurückhalten) und grob hacken. Die Glasnudeln in ein Sieb abgießen, gut abtropfen lassen und dann in einer Schüssel mit Ingwer, Koriander, Sojasauce, Sesamöl sowie dem Pfanneninhalt locker vermengen. Zuletzt Frühlingszwiebeln und Paprikastreifen untermischen. Mit Limettensaft und nach Geschmack mit Salz und Pfeffer würzen.

Den Salat auf zwei Teller verteilen. Nach Belieben eine Mango schälen und das Fruchtfleisch in mundgerechte Stücke schneiden. Die Salatteller damit garnieren und mit Sweet-Chili-Sauce beträufeln. Nach Belieben zusätzlich mit etwas frischem Koriander garnieren.

### Tipp
Es gibt feine und dicke Glasnudeln. Je nach Geschmack einfach die Lieblingssorte wählen.

# COUSCOUS MIT GRANATAPFEL UND RÄUCHERFISCH

250 g Couscous

Salz

1 TL zimmerwarme Butter

½ Bund Petersilie

150 g Tomaten

½ Salatgurke

1 kleine Lauchstange

½ Granatapfel

Saft von ½ Zitrone

3 EL Olivenöl

schwarzer Pfeffer
aus der Mühle

2 geräucherte
Makrelenfilets
mit oder ohne Haut

**Außerdem**
1 kräftige Prise
Ras el-Hanout

30 Minuten

2 große Portionen

Je nach Belieben, Saisonalität und Frischegrad einfach zusätzlich Minzeblättchen, Chilischote, Paprika oder Kürbis und Aubergine beimischen.

Den Couscous in eine Schüssel geben und mit knapp 250 ml kochendem Salzwasser begießen. Nach Packungsangabe mindestens 5 Minuten ziehen lassen. Mit einer Gabel die Butter locker unterrühren und furchen, damit sich keine Klümpchen bilden können.

Die Petersilie waschen, trocken schütteln, die Blättchen abzupfen (etwas für die Deko zurückhalten) und fein hacken. Die Tomaten waschen, vierteln, entkernen und in Würfel schneiden. Die Gurke schälen, der Länge nach halbieren, die Kerne mit einem Löffel herauskratzen und das Gurkenfruchtfleisch quer in Streifen schneiden.

Die Lauchstange putzen, längs halbieren, zwischen den Blattschichten waschen und in Streifen schneiden. Den Granatapfel in 1–2 cm dicke Scheiben schneiden und aus jeder Scheibe die Kerne herausdrücken.

Den Zitronensaft mit Olivenöl verrühren und mit dem Couscous sowie den vorbereiteten Salatzutaten in einer Schüssel locker vermengen. Mit Salz, Pfeffer und nach Belieben mit Ras el-Hanout würzen.

Den Salat auf zwei große Teller verteilen. Die Makrelenfilets schräg in Stücke schneiden und darauf anrichten. Nach Belieben mit etwas Petersilie garnieren.

### Serviervorschlag
Ohne Räucherfisch – den Salat in einzelnen knackigen Salatblättern anrichten. Je nach Saison Romana-, Eisberg- oder Kopfsalatblätter verwenden. Dazu passt Fladenbrot.

### Variante
Anstatt Makrele gebratene Garnelen oder Räucherlachs verwenden.

FRISCH UND
SÄTTIGEND

# KICHERERBSENSALAT MIT KORIANDERÖL UND PULLED LACHS

250 g Lachsfilet
ohne Haut

einige Spritzer
Zitronensaft

Salz

schwarzer Pfeffer aus der
Mühle

3 EL Olivenöl

½ TL Korianderkörner

1 EL Sherryessig

150 g abgetropfte gekochte
Kichererbsen (Glas)

100 g Frisée-Salat

2 Vollkorn-Bagels

2 EL Frischkäse

1 aromatische Tomate

**Außerdem**
etwas frischer Dill
zum Garnieren

30 Minuten

2 Portionen

Salat und gezupften Lachs im Bagel? Dazu die Kichererbsen mit Tomatenwürfeln vermischen und als Beilagensalat verwenden. Gezupften Friséesalat und Lachs zwischen die zwei Bagelhälften geben.

Das Lachsfilet waschen, trocken tupfen, mit Zitronensaft beträufeln und mit Salz und Pfeffer würzen. 1 Esslöffel Olivenöl in einer Pfanne erhitzen und darin das Lachsstück auf beiden Seiten anbraten. Die Pfanne vom Herd ziehen, der Lachs soll „saftig" nachziehen, aber nicht fertig braten.

Den Koriander im Mörser zerstoßen und mit 2 Esslöffel Olivenöl sowie mit Sherryessig verrühren. Die Kichererbsen in einem Sieb abtropfen lassen. Den Frisée-Salat in kleine Stücke zupfen, waschen und trocken schleudern.

Die Bagels quer durchschneiden und mit Frischkäse bestreichen. Die Tomate halbieren, in dünne Scheiben schneiden und die Bagelhälften damit belegen. Mit Salz und Pfeffer würzen.

Die Kichererbsen sowie den Friséesalat mit Korianderöl locker vermengen, mit Salz und Pfeffer würzen und auf zwei Teller verteilen. Den Lachs mit zwei Gabeln „zupfen" und auf den Salattellern verteilen. An den Tellerrändern die Bagelhälften legen. Nach Belieben alles mit frischem Dill garnieren.

# SCHARFE FLEISCHBISSEN MIT ZUCCHINI UND KRESSE

250 g mageres
Schweinefleisch
(Lendchen)

Salz

schwarzer Pfeffer
aus der Mühle

je 1 kräftige Prise gemahlener
Zimt, Gewürznelken und
Kreuzkümmel

½ gewürfelte kleine rote
Chilischote

1 gepresste Knoblauchzehe

½ TL getrockneter Thymian

Saft von 1 Orange

1 EL Rosinen

2 Zucchini (etwa 400 g
Gesamtgewicht)

1 Kästchen Kresse

4 schöne Blätter Radicchio
(oder Eisbergsalat)

4 EL Olivenöl

1 EL Weißweinessig

Cayennepfeffer

**Außerdem**
ein paar zusätzliche
Chiliringe zum Garnieren

35 Minuten

2 Portionen

Für dieses Rezept kann anstatt Schweinefleisch auch Rind- oder Geflügelfleisch verwendet werden.

Das Schweinefleisch in 10–12 gleich große Stücke schneiden. Mit Salz und Pfeffer würzen und mit den Würzzutaten inklusive der Hälfte des Orangensafts in einer Schüssel vermengen. Mit Folie abdecken und 30 Minuten im Kühlschrank ziehen lassen.

Inzwischen die Rosinen mit dem restlichen Orangensaft begießen. Die Zucchinis waschen, Endstücke abschneiden und auf einem Küchenhobel grob raspeln. Die Kresse aus dem Kästchen schneiden, waschen und abtropfen lassen.

Radicchiosalatblätter waschen und trocken schleudern. Zucchiniraspel mit 2 Esslöffel Olivenöl, Weißweinessig und Orangen-Rosinen vermengen. Mit Salz, Pfeffer und Cayennepfeffer würzen.

Die Fleischstücke abgießen, in einem Sieb abtropfen lassen und im restlichen Olivenöl von allen Seiten 2–3 Minuten braten. Zucchinimischung in die Salatblätter verteilen. Fleischbissen dazulegen und mit Kresse und ein paar Chiliringen garnieren.

SÜSSLICH-
SCHARF

SCHMECKT NACH MEHR

# GARNELENSPIESSE IN DER
# LOLLO-ROSSO-SCHÜSSEL

1 Knoblauchzehe

1 TL helle Sojasauce

1 TL Austernsauce

Salz

schwarzer Pfeffer
aus der Mühle

1 Prise Zucker

8 rohe Garnelen ohne Schale

1 kleiner oder halber Kopf
Lollo Rosso

16 Cocktailtomaten

Olivenöl

3 EL Asia-Würz-Vinaigrette
(Rezept siehe Seite 19)

**Außerdem**
4 lange
Holzspieße

20 Minuten

2 Portionen

Ein leichter Asia-Touch in Kombination mit luftigem Blattsalat und gebratenen Garnelen, das schmeckt nach mehr.

Die Knoblauchzehe schälen und durch eine Knoblauchpresse drücken. Zusammen mit Sojasauce und Austernsauce verrühren. Mit Salz, Pfeffer und Zucker würzen. Die Garnelen am Rücken entlang einschneiden, entdarmen, waschen und mit Küchenpapier trocken tupfen. Mit der Würzmischung vermengen und marinieren.

Den Salatkopf in Blätter zerpflücken, waschen, trocken schleudern und in kleine Stücke zupfen oder in Streifen schneiden. Die Cocktailtomaten waschen und mit Küchenpapier abtrocknen. Ein paar der Tomaten in Streifen schneiden.

Garnelen und restliche Tomaten abwechselnd auf vier Holzspieße stecken. Das Olivenöl in einer Pfanne erhitzen und darin die Garnelenspieße von allen Seiten 1–2 Minuten braten.

Lollo-Rosso-Salat mit Tomaten und Asia-Würz-Vinaigrette locker vermengen und in zwei Salatschüsseln oder Salatteller verteilen. Je 2 Garnelenspieße dazulegen.

# MATJESTATAR MIT GURKEN IM KOPFSALAT

1 Salatgurke

Salz

1 kräftige Prise Zucker

weißer Pfeffer aus der Mühle

1 EL Pflanzenöl

1 EL weißer Essig

2 Weißbrotscheiben

50 g Räucherspeck
(Frühstücksbacon)

2 Matjes-Doppelfilets
(ohne Schwanzflossen)

1 TL gehackter Dill

Saft von ½ Zitrone

8 kleine schöne
Kopfsalatblätter

Cayennepfeffer

**Außerdem**
etwas frische Petersilie
zum Garnieren

30 Minuten

2 Portionen

Ein Kopfsalatherz in Blätter zerpflücken, mit feinblättrig geschnittenen Gurken locker vermengen und mit einer einfachen Vinaigrette aus Pflanzenöl, Weißweinessig, Salz, Pfeffer und einem Hauch Zucker anmachen. Dazu gibt es Matjestatar, Weißbrot mit Speck und vielleicht ein paar Pellkartoffeln.

Die Gurke waschen, schälen und auf einem Küchenhobel feinblättrig schneiden. Mit Salz, Zucker und Pfeffer würzen und mit Pflanzenöl und mit Essig in einer Schüssel vermischen. Diese mit Folie verschließen und den Salat zum Durchziehen in den Kühlschrank stellen.

Die Weißbrotscheiben in den kalten Backofen auf die mittlere Schiene legen und diesen auf 180 °C (Umluft 160 °C) einstellen. Den Räucherspeck in sehr feine Würfel schneiden. Die Matjesfilets trocken tupfen und sehr fein hacken. Zusammen mit Dill (etwas für die Deko zurückhalten), Zitronensaft, Salz und Pfeffer locker vermengen.

Die Brotscheiben aus dem Backofen nehmen und diese jeweils in 4 Stücke schneiden. Mit dem gewürfelten Speck belegen und wieder zurück in den Backofen geben.

Die Kopfsalatblätter waschen und trocken schleudern. Den Gurkensalat nochmals abschmecken und zusammen mit den Salatblättern auf zwei Teller verteilen. Daneben das Matjestatar geben. Die Speckcrosti aus dem Backofen nehmen und die Salatteller damit garnieren. Nach Belieben alles leicht mit Cayennepfeffer bestäuben und zusätzlich mit etwas Dill (gehackt oder gezupft) und Petersilie garnieren.

BELIEBIG
VARIIERBAR

FRISCH UND
LECKER

# ENDIVIENSALAT MIT KARTOFFELN UND GARNELEN

400 g festkochende Kartoffeln

Salz

1 Prise Kümmel

1 kleines Bund gemischte Kräuter (Petersilie, Dill, Schnittlauch)

100 g Naturjoghurt

150 g geschälte Cocktailgarnelen

Saft von ½ Zitrone

weißer Pfeffer aus der Mühle

½ Kopf Endiviensalat

2 EL Pflanzenöl

1 EL Weißweinessig

1 kleine Zwiebel

1 Prise Zucker

1 aromatische Tomate

35 Minuten

2 Portionen

Der leicht bittere Geschmack von Endiviensalat lässt sich in der Kombination mit Kartoffeln harmonisch ausgleichen. Nach Belieben kann auch Chicorée anstatt Endivie verwendet werden.

Die Kartoffeln waschen und in Salzwasser mit 1 Prise Kümmel gar kochen. Inzwischen die Kräuter waschen (etwas für die Deko zurückhalten), Petersilien- und Dillblättchen von den Stängeln zupfen und hacken. Den Schnittlauch waschen und in Röllchen schneiden.

Kräuter mit Naturjoghurt verrühren. Die Cocktailgarnelen waschen, entdarmen und mit Küchenpapier trocken tupfen. Mit Zitronensaft unter den Kräuterjoghurt mischen. Mit Salz und Pfeffer würzen.

Den Endiviensalat putzen, waschen und in Streifen schneiden. Die Kartoffeln abgießen, kurz ausdampfen lassen, schälen und in mundgerechte Stückchen schneiden. In einer Schüssel Pflanzenöl und Weißweinessig verrühren. Die Zwiebel abziehen und dazureiben. Die Marinade mit Salz, Pfeffer und Zucker würzen.

Kartoffeln und Salatstreifen mit der Marinade locker vermengen und auf zwei Teller verteilen. Die Tomate waschen, in Scheiben schneiden und die Salatteller damit belegen. Darauf löffelweise die Kräuter-Joghurt-Garnelen geben. Nach Belieben mit ein paar zusätzlichen Kräutern garnieren.

### Variante
2 mittlere Tomaten quer halbieren und entkernen. Diese mit den Garnelen füllen und „in den Salat" stellen.

# EIERSALAT MIT ÄPFELN, SPROSSEN UND KAVIAR

2 Eier

2 Fleischtomaten

2 Frühlingszwiebeln

2 kleine Chicorée

100 g Sahne

½ TL mittelscharfer Senf

1 Prise Currypulver

Salz

schwarzer Pfeffer
aus der Mühle

Saft von ½ Zitrone

1 säuerlicher Apfel

2 EL Mungobohnensprossen

### Außerdem

2 Scheiben Pumpernickel

etwas Butter

1 EL roter Ketakaviar
(Forellenkaviar)

ein paar Erbsensprossen
zum Garnieren

etwas Shiso-Kresse
zum Garnieren

30 Minuten

2 Portionen

Dieses Rezept eignet sich auch gut als kleine, appetitanregende Vorspeise für vier Portionen.

Die Eier in 10 Minuten hart kochen. Inzwischen die Tomaten blanchieren, häuten, entkernen und das Fruchtfleisch in Streifen schneiden. Die Frühlingszwiebeln putzen, waschen und fein würfeln.

Die Eier kalt abschrecken und schälen. Ein Viertel Ei für die Deko zurückhalten, den Rest grob hacken. Den Chicorée putzen, dabei den bitteren Kern keilförmig herausschneiden und das Wurzelende 1 cm breit abschneiden. Ein paar Blätter für die Deko zurückhalten, den restlichen Salat in Streifen schneiden und waschen.

Die Sahne mit Senf, Curry, Salz, Pfeffer und Zitronensaft gut würzen. Den Apfel schälen, entkernen und in Stifte schneiden. Die Chicorée-Blätter auf zwei Teller platzieren. Alle vorbereiteten Zutaten in einer Schüssel locker vermengen und daneben auf den Tellern anrichten. Die Mungobohnensprossen waschen und gründlich abtropfen lassen.

Die Pumpernickelscheiben jeweils in 4 Stücke schneiden, mit Butter bestreichen und mit Ketakaviar belegen. An den Tellerrändern anrichten. Nach Belieben alles mit Mungobohnensprossen, Erbsensprossen, Shiso-Kresse und einem Viertel Ei garnieren.

### Tipp
Je nach Angebot und Frische Sprossen wählen, ob Radieschen-, Erbsen-, Sojabohnen- oder Mungobohnensprossen. Sie geben einen zusätzlichen Vitamin- und Frischekick.

### Variante
Anstatt kleinen gehäuteten und entkernten Tomatenwürfelchen, die ein bisschen Arbeit bedeuten, schmecken auch Mungobohnen- und Erbsensprossen, wie auf dem Foto zu sehen, hervorragend und dienen als optischer Hingucker und Vitaminkick.

HOT &
SPICY

# THAI-SALAT MIT GRÜNER PAPAYA UND HÄHNCHEN

250 g Hähnchenbrustfilet
(1–2 Stücke)

Salz

1 Frühlingszwiebel

2 EL Sojasauce

2 EL Reisessig

½ EL Sambal Oelek
(scharfe Chilipaste)

Zucker nach Bedarf

2 Möhren

½ grüne Papaya
(etwa 250 g)

2 EL Cashewkerne

### Außerdem
Thai-Basilikum zum
Garnieren

35 Minuten

2 Portionen

Je feiner die Streifen von Papaya und Möhre geschnitten werden, desto feiner schmecken sie. Eventuell mit einem Spiralschneider oder mit einem Sparschäler schneiden.

Das Hähnchenbrustfilet in siedend heißem Salzwasser etwa 15 Minuten garen. Inzwischen die Frühlingszwiebel putzen und sehr fein würfeln. Zusammen mit Sojasauce, Reisessig, Sambal Oelek und etwas Zucker verrühren.

Die Möhren waschen, schälen und mit dem Sparschäler lange Streifen abziehen (besser geht es mit einem speziellen Spiralschneider). Die Papaya entkernen, schälen und das Fruchtfleisch ebenfalls in lange Streifen ziehen.

Das Hähnchenfleisch aus dem Wasser nehmen und abkühlen lassen. Möhren- und Papayastreifen in ein Sieb geben, mit etwas Salz und Zucker bestreuen und mit den Händen gut einarbeiten. Etwa 5 Minuten ruhen lassen, mit kaltem Wasser gründlich spülen und abtropfen lassen.

Das Hähnchenfleisch in schmale Streifen schneiden oder die Hähnchenfasern auseinanderziehen. Die Cashewkerne grob hacken. Alle vorbereiteten Zutaten mit dem Dressing locker vermengen, nochmals abschmecken und in großen Portionsschalen oder Teller verteilen. Nach Belieben mit etwas Thai-Basilikum garnieren.

### Tipp
Die Papaya gehört zu den Melonenbaumgewächsen. Am besten kauft man die etwa 500 g schweren Früchte im Asia-Laden – oder bestellt sie im Internet. Da die Früchte unreif sind, also grün mit weißen Samen und hellem Fruchtfleisch, sind sie einige Zeit haltbar. Falls keine grüne Papaya aufzutreiben ist, einfach Zucchini verwenden. Ist zwar nicht dasselbe, aber es schmeckt sehr gut.

# GERÖSTETER BLUMENKOHL
# MIT FORELLENFILET

1 kleiner Blumenkohl

Meersalz

schwarzer Pfeffer
aus der Mühle

Cayennepfeffer

4 EL Olivenöl

100 g Rucola

100 g bunte Kirschtomaten
(rot, braun, gelb)

150 g enthäutetes
geräuchertes Forellenfilet

2 EL Weißweinessig

### Außerdem
1 EL geröstete Pinienkerne
zum Garnieren

30 Minuten

2 Portionen

Rauchige Aromen, dazu Rucola und Kirschtomaten. Am besten kräftig würzen und mit geröstetem Brot servieren.

Den Backofen auf 220 °C (Umluft 200 °C) vorheizen und ein Backblech mit Backpapier auslegen. Den Blumenkohl in kleine Röschen teilen und den Strunk in dünne Scheiben schneiden. Alles in einem Sieb gut waschen und abtropfen lassen.

Den Blumenkohl in einer Schüssel mit Meersalz, Pfeffer und Cayennepfeffer würzen und mit 2 Esslöffel Olivenöl vermischen. Auf dem Backblech auslegen und im vorgeheizten Backofen auf der mittleren Schiene 15–20 Minuten rösten.

Inzwischen den Rucola verlesen, waschen und möglichst in einer Salatschleuder sanft trocken schleudern. Dann quer in kleinere Stücke schneiden. Die Kirschtomaten nach Belieben halbieren oder vierteln. Das Forellenfilet schräg in dünne Stücke schneiden.

Den Blumenkohl aus dem Backofen nehmen und kurz abkühlen lassen. In einer Schüssel Rucola, Kirschtomaten und Forellenfiletstreifen mit 2 Esslöffel Olivenöl und Weißweinessig locker vermengen. Zuletzt den Blumenkohl hinzufügen und alles mit Meersalz und Pfeffer abschmecken.

Den Salat auf zwei Tellern anrichten und nach Belieben mit gerösteten Pinienkernen bestreuen.

### Varianten
Anstatt Forellenfilet magere Speckwürfel verwenden. Dazu etwa 100 g mit dem Blumenkohl vermischen und im Backofen garen.

Würziger und schärfer wird der Salat, wenn der Blumenkohlmischung noch etwas Chiliflocken und Currypulver beigemischt werden. Anstatt Rucola können auch Zucchinistifte und Rosinen, Möhrenraspel und geröstete Mandelblättchen verwendet werden.

FÜR SIE
UND IHN

# STEAK IM CHAMPIGNONSALAT

1 Schalotte

1 Knoblauchzehe

1 kleines Bund Petersilie

250 g Champignons

2 EL Olivenöl

1–2 EL trockener Weißwein
(oder Gemüsebrühe)

Salz

schwarzer Pfeffer
aus der Mühle

2 Frühlingszwiebeln

100 g Salatmischung
(z. B. Eichblattsalat,
Feldsalat, Lollo rosso)

5 EL Pflanzenöl
(z. B. Weizenkeim- oder
Sonnenblumenöl)

1 Rindersteak
(etwa 300 g, z. B.
Entrecôte)

Saft von 1 Zitrone

**Außerdem**
roter Pfeffer
zum Garnieren

20 Minuten

2 Portionen

Dieser Salat ist bei Pärchen meist der geliebte Kompromiss. Wetten, dass einer fast alle Steakstreifen isst und der andere den meisten Salat …

Die Schalotte und die Knoblauchzehe schälen und fein würfeln. Die Petersilie waschen, trocken schütteln, die Blättchen abzupfen und fein hacken. Die Champignons putzen und in feinblättrige Scheibchen schneiden.

Das Olivenöl in einer Pfanne erhitzen und darin Schalotten- und Knoblauchwürfel andünsten. Die Champignons hinzufügen und so lange braten, bis der Pilzsaft aufgesogen ist. Mit Weißwein beträufeln und mit Salz und Pfeffer würzen. Den Pfanneninhalt in eine Schüssel zum Abkühlen geben.

Die Frühlingszwiebeln putzen, waschen und fein würfeln. Die Salatmischung waschen und am besten in einer Salatschleuder trocken schleudern. 1 Esslöffel Pflanzenöl in einer Pfanne erhitzen und darin das Steak auf jeder Seite kräftig anbraten. Die Hitze reduzieren und das Fleischstück, je nach Dicke und gewünschtem Garzustand, 4–5 Minuten weiterbraten. Das Steak mit Salz und Pfeffer würzen, aus der Pfanne nehmen und in Alufolie zum Nachziehen packen.

Zitronensaft mit restlichem Pflanzenöl, der Hälfte der Petersilie sowie den Frühlingszwiebelwürfeln verrühren. Mit den Champignons und der Salatmischung locker vermengen und auf zwei Teller verteilen. Das Steak aus der Alufolie nehmen und dieses schräg in Streifen schneiden. Auf den Salattellern anrichten und Bratensaft aus der Folie darüberträufeln. Mit der restlichen Petersilie garnieren und nach Belieben mit etwas rotem Pfeffer bestäuben.

### Tipp
Je nach Gemüsefachinhalt den Salat zusätzlich mit Tomaten, Gurke und Paprikaschoten variieren.

# INGWER-FENCHEL-SALAT MIT MELONENDRESSING

1 kleine süß-saftige Honigmelone

1 Stück frischer Ingwer (etwa 2 cm)

1 Prise Rosenpaprika

Meersalz

schwarzer Pfeffer aus der Mühle

½ kleines Bund gemischte Kräuter (Petersilie, Kerbel, Oregano)

1 Fenchelknolle mit Grün

50 g getrocknete Tomaten, eingelegt in Olivenöl

50 g schwarze oder grüne Oliven

**Außerdem**
roter Pfeffer zum Garnieren

20 Minuten

2 Portionen

Bei jedem Salat kann individuell variiert und kreiert werden, je nach Geschmack oder auch der zur Verfügung stehenden Zutaten. Anstatt Ingwer können eine klein gewürfelte Frühlingszwiebel und je nach Frischeangebot eine Cantaloupe, eine sogenannte Zuckermelone, verwendet werden.

Die Honigmelone schälen, halbieren und entkernen. Drei Viertel davon mit einem Rundausstecher zu Kugeln ausstechen (oder falls nicht vorhanden, in mundgerechte Stückchen schneiden). Ein Viertel Fruchtfleisch in grobe Stücke schneiden und mit dem Mixstab pürieren. Den Ingwer schälen und fein reiben.

Den Melonensaft mit Ingwer, Rosenpaprika, Meersalz und Pfeffer würzen. Die Kräuter waschen, trocken schütteln, die Blättchen abzupfen, fein hacken und unter den Melonensaft ziehen.

Die Fenchelknolle waschen, vierteln, entstrunken und in dünne Streifen schneiden (etwas Fenchelgrün für die Deko zurückhalten). Die Tomaten gut abtropfen lassen und klein schneiden. Die Oliven entkernen und in Streifen schneiden.

Alle vorbereiteten Zutaten mit dem Melonensaft vermengen und auf zwei große Teller verteilen. Nach Belieben mit etwas rotem Pfeffer bestreuen und mit Fenchelgrün garnieren.

### Tipp
Dazu passen gebratene Süßkartoffelscheiben. Einfach eine große Süßkartoffel schälen, in Scheibchen schneiden, mit Salz, Pfeffer und Currypulver würzen und in wenig Olivenöl auf beiden Seiten in 8 Minuten bissfest braten. Auf Küchenpapier entfetten und rund um die Salate am Tellerrand platzieren.

FRUCHTIG, NUSSIG

# SPINATSALAT MIT SOMMERERNTE

1 EL Kerne-Mix und
Samen (Sonnenblumen- und
Kürbiskerne, Buchweizen,
Leinsaat, Sesam)

150 g bunte Sommerfrüchte
(Himbeeren, Brombeeren,
Aprikosen)

1 kleine rote Paprikaschote

2 EL weißer Balsamicoessig

2 EL kalt gepresstes Rapsöl

1 TL Ahornsirup (oder Honig)

½ TL Aprikosenkonfitüre

Salz

schwarzer Pfeffer
aus der Mühle

150 g Baby-Spinat

20 Minuten

2 Portionen

Die Kombination mit kräftig-würzigen Gemüseblättern und süßen saisonalen Früchtchen wirkt nicht nur wie eine Vitaminbombe, sondern schmeckt auch phänomenal. Zudem ist die Optik ein echter Hingucker.

Die gemischten Kerne und Samen in einer beschichteten heißen Pfanne rösten, bis sie duften. Den Pfanneninhalt auf einen Teller geben. Die Früchte waschen, die Beeren auf Küchenpapier legen und die Aprikosen in Streifen schneiden.

Die Paprikaschote waschen, halbieren, entkernen und in kleine Würfel schneiden. Balsamicoessig mit Rapsöl, Ahornsirup und Aprikosenkonfitüre verrühren. Mit Salz und Pfeffer würzen und die Paprikawürfel untermischen.

Die Spinatblätter verlesen, waschen, gründlich abtropfen lassen (am besten eine Salatschleuder verwenden) und mit dem Dressing locker vermengen.

Die Salatmischung großflächig auf zwei Teller verteilen, eventuell noch etwas salzen und pfeffern. Dekorativ mit den Früchten belegen und den Kerne-Samen-Mix darüberstreuen.

### Tipp
Dazu schmeckt Brot aus dem Ofen. Einfach 2–4 Scheiben Brot mit Olivenöl beträufeln, mit Salz, Pfeffer und Paprikapulver würzen und im vorgeheizten Backofen bei Grillstufe einige Minuten rösten.

# RUCOLA MIT BIRNE UND ROTER BETE

3 kleine rohe
Rote-Bete-Knollen

1 Frühlingszwiebel

1 EL Pflanzenöl

Salz

schwarzer Pfeffer
aus der Mühle

1 Prise gemahlener
Kümmel

Abrieb von
¼ Bio-Zitrone

1–2 EL Apfelsaft
(oder Wasser)

100 g Rucola

1 saftig-süße Birne

2 EL Walnussöl

1 EL Sherryessig

etwa 10 Walnusskernehälften

50 g Gorgonzola dolce

2 EL Créme fraîche

**Außerdem**
Bio-Kartoffelchips
zum Garnieren

roter Pfeffer
zum Garnieren

30 Minuten

2 Portionen

Erdige Wurzel mit würzigem Salat, fruchtigem Akzent, abgerundet mit Walnüssen. Dazu passt ein kräftiger Käse wie Gorgonzola oder Roquefort.

Die Roten Beten waschen, schälen, erst in Scheiben, dann in dünne Stäbe und diese quer in feine Würfel schneiden. Am besten geht das mit Einmal-Handschuhen, da dieses Gemüse sehr färbt. Die Frühlingszwiebel putzen und nur das Weiße fein würfeln.

Das Pflanzenöl in einer Pfanne erhitzen und darin Rote Beten sowie Frühlingszwiebel unter Rühren einige Minuten braten. Dabei mit Salz, Pfeffer, Kümmel sowie mit Zitronenschale würzen und mit Apfelsaft beträufeln. Die Pfanne beiseiteziehen.

Vom Rucola dickere Stiele entfernen, waschen und gründlich abtropfen lassen. Die Birne waschen, längs vierteln, entkernen und jedes Viertel schräg in dünne Scheibchen schneiden.

Die abgekühlte Rote-Bete-Mischung nach Belieben mithilfe eines (Plätzchen- oder Burger-)Rings auf je einem Teller platzieren. Rucola mit Walnussöl, Sherryessig, Salz und Pfeffer gut vermischen und daneben anrichten. Die Birnenviertel jeweils „dachziegelartig" an den Tellerrändern anrichten und dazwischen mit Walnusshälften garnieren.

Den Gorgonzola in einem tiefen Teller mit einer Gabel zerdrücken und mit Crème fraîche verrühren. Auf den Roten Beten verteilen, mit Pfeffer bestäuben. Nach Geschmack mit Kartoffelchips garnieren und mit etwas rotem Pfeffer bestäuben.

### Serviervorschläge
Dazu passt Walnussbrot oder Kräuterbaguette aus dem Backofen.

In Bio-Märkten oder auf Wochenmärkten gibt es vielfach auch frische knusprige Kartoffelchips, ohne jegliche Zusätze, die als Deko auf den Salattellern Platz haben und sehr gut dazu schmecken.

### Tipp
Die Roten Bete können auch roh auf einer Küchenreibe grob geraspelt und als Rohkost verwendet werden.

# GRÜNER KARTOFFELSALAT MIT PISTAZIEN

1 kg festkochende
Kartoffeln

Salz

1 Prise Kümmel

2 Eier

2 Schalotten

1 Knoblauchzehe

1 Bund Petersilie

50 g ungesalzene
Pistazienkerne

50 g Cornichons

2 EL Kapern

½ TL Dijon-Senf

2 EL Weißweinessig

knapp 100 ml Weizenkeimöl

Salz

schwarzer Pfeffer
aus der Mühle

3–4 EL heiße Gemüsebrühe

1 Stunde

1 Schüssel

Es gibt unzählige Rezepte für Kartoffelsalate, denn die Kartoffeln sind dankbare neutrale Partner für allerlei Aromen und Zutaten. Folgende Version ist mit Kräuteröl zubereitet, sodass die Kartoffeln so richtig grün darin baden können. Die Menge ist für 4–6 Beilagenportionen berechnet, da Kartoffelsalat nicht einfach solo gegessen wird.

Die Kartoffeln waschen und in Salzwasser mit 1 Prise Kümmel, je nach Größe der Kartoffeln, etwa 30 Minuten garen. Inzwischen die Eier in etwa 10 Minuten hart kochen. Mit kaltem Wasser abschrecken, pellen und hacken.

Die Schalotten und die Knoblauchzehe schälen und klein schneiden. Die Petersilie waschen, trocken schütteln, die Blättchen abzupfen und hacken. Die Pistazien grob hacken. Die Cornichons klein würfeln (ein paar für die Deko zurückhalten) und die Kapern etwas klein schneiden.

Mit einem Stabmixer oder in einem Standmixer Dijon-Senf mit Eiern, Schalotten, Knoblauch, Kapern, Petersilie, Pistazien, Cornichons und Weißweinessig cremig mixen. Dabei das Weizenkeimöl nach und nach zugießen. Mit Salz und Pfeffer würzen.

Die Kartoffeln abgießen, ausdampfen lassen, schälen und in Scheiben schneiden. In einer Schüssel mit Gemüsebrühe beträufeln und mit der grünen Sauce vermengen. Lauwarm oder kalt servieren. Nach Belieben zusätzlich mit ein paar grob gehackten Pistazien, ein paar Cornichons und etwas Petersilie garnieren.

### Das passt dazu
Für Vegetarier passen Bratlinge oder gegrillte Sojawürstchen. Fleischesser haben die Auswahl von gegrilltem Lachs über Würstchen bis hin zu Frikadellen und Käsebrötchen.

# NUDELSALAT MIT GRÜNEM GRILL-SPARGEL

400 g grüner Spargel

100 ml Olivenöl

Salz

schwarzer Pfeffer
aus der Mühle

250 g Hartweizennudeln
(z. B. Penne rigate)

1 Bund Basilikum

1 Knoblauchzehe

50 g Pinienkerne

50 g Pecorino-Käse

30 Minuten plus
1 Stunde Marinierzeit

2–3 Portionen

Grüner Spargel ist im Vergleich zu weißem Spargel unkompliziert: Man braucht ihn nicht zu schälen und die Garzeit ist auch geringer. Zudem schmeckt der nach oben in die Sonne geschossene grüne Spargel im Vergleich zu dem in der Erde verbliebenem weißem Spargel würziger.

Den Backofen auf 200 °C (Umluft 180 °C) mit Grillstufe vorheizen. Den Spargel waschen, die Enden kürzen und in etwa 3 cm lange Stücke schneiden. Die Spargelstücke in einer Auflaufform mit 1 Esslöffel Olivenöl vermengen und mit Salz und Pfeffer würzen. Im vorgeheizten Backofen auf der mittleren Schiene etwa 10 Minuten grillen, je nach gewünschter Bissfestigkeit.

Die Nudeln in kochendes Salzwasser geben und in etwa 12 Minuten, je nach Packungsangabe, bissfest garen. Inzwischen das Basilikum waschen, trocken schütteln, die Blättchen abzupfen (etwas für die Deko zurückhalten) und klein schneiden. Die Knoblauchzehe schälen und klein schneiden.

Den Spargel aus dem Ofen nehmen und in der Form abkühlen lassen. Die Nudeln in ein Sieb abgießen, mit kaltem Wasser abschrecken und im Sieb mit etwas Olivenöl vermengen, damit sie nicht verkleben. Die Pinienkerne grob hacken und den Käse in kleine Stücke schneiden.

In einem Standmixer Knoblauch, Pinienkerne, Käse und Basilikum mit dem restlichen Olivenöl pürieren. Zusammen mit den Nudeln sowie den Spargelstücken in einer Schüssel locker vermengen. Mit Folie abdecken und vor dem Servieren bei Zimmertemperatur durchziehen lassen. Nach Belieben mit Basilikum-Blättern garnieren.

### Tipps
Falls es schnell gehen muss, einfach fertiges Pesto verwenden. Veganisiert wird dieses Rezept, indem der Käse weggelassen wird.

Zum Salat schmecken Vegetariern gegrillte Polentaplätzchen, Grillkäse, geschmorte Tomaten oder Focaccia. Mischköstler können ihn mit Parma- oder Serranoschinken oder Cocktailgarnelen servieren.

DER
PARTY-HIT,
WÜRZIG

BRAUCHT ZEIT
ZUM MARINIEREN,
FRUCHTIG

# ORANGEN-SPARGEL MIT ERDBEEREN

500 g weißer Spargel

Salz

1 Prise Zucker

½ TL Butter (oder Pflanzenöl)

1 Spritzer Zitronensaft

2 Saftorangen

1 kleines Eigelb

½ TL scharfer Senf

50 ml Pflanzenöl

Abrieb von ¼ Bio-Zitrone

schwarzer Pfeffer
aus der Mühle

100 g süße kleine Erdbeeren

1 EL gehackter Dill
und Petersilie

30 Minuten plus
2 Stunden Marinierzeit

2 Portionen

Ein leckerer Sommersalat mit viel Aroma und Frische. Eignet sich ideal zum Vorbereiten und Mitnehmen. Dabei aber die Erdbeeren separat transportieren.

Den Spargel waschen, schälen, die Enden kürzen und die Stangen in 2–3 cm große Stücke schneiden. In kochendes Salzwasser mit Zucker, Butter oder Pflanzenöl und 1 Spritzer Zitronensaft geben. Je nach gewünschter Bissfestigkeit etwa 10 Minuten garen.

Die Orangen zu Saft pressen. Mit einem elektrischen Handrührgerät Eigelb und Senf verrühren und nach und nach das Pflanzenöl unterrühren. Mit abgeriebener Zitronenschale, Salz und Pfeffer würzen und zuletzt den Orangensaft unterrühren.

Den Spargel abgießen und in einer Schüssel mit dem Orangendressing vermengen. Nochmals abschmecken, mit Folie abdecken und im Kühlschrank 2 Stunden marinieren.

Die Erdbeeren waschen, Stiele entfernen und die Früchte in Scheibchen schneiden. Den Spargelsalat auf Teller verteilen, mit den gehackten (oder klein gezupften) Kräutern bestreuen und mit Erdbeerscheiben garnieren.

### Tipp
Dazu passen gebratener oder gegrillter Tempeh oder Seitan. Auch Walnussbrot mit Olivenöl und frisch geschnittenen Schnittlauchröllchen sowie Kräuterbaguette aus dem Backofen schmecken sehr gut dazu. Mischköstler servieren dazu gegrillte Lachssteaks oder eine Räucherfischauswahl.

# QUINOA-BIRNEN-SALAT AUF PORTULAK

100 g Quinoa

3 EL Olivenöl

Salz

schwarzer Pfeffer
aus der Mühle

1 kräftige Prise Currypulver

200 ml Gemüsebrühe

1 kleine saftige Thai-Mango
(siehe Tipp)

Saft von ½ Zitrone

1 Prise Chilipulver

100 g Sommerportulak

1 rote Zwiebel

1 kleine Birne

**Außerdem**
1 EL getrocknete
Aroniabeeren
zum Garnieren

30 Minuten

2 Portionen

Dieses würzige, leicht nussig schmeckende Gemüsekraut, Portulak, ist mittlerweile wieder vermehrt auf Bauern- und Bio-Märkten erhältlich. Mit Quinoa, dem glutenfreien Pseudogetreide, stellt Portulak eine gute vegane Kombination dar. Nach Belieben mit 1 Esslöffel getrockneten oder auch frischen Aroniabeeren toppen.

Die Quinoa in ein Sieb geben und unter fließendem kaltem Wasser gut waschen und gründlich abtropfen lassen. In einem Topf 1 Esslöffel Olivenöl erhitzen und die Quinoa darin unter Rühren 1 Minute braten. Dabei mit Salz, Pfeffer und Currypulver würzen.

Den Topfinhalt mit Gemüsebrühe aufgießen, einmal aufkochen lassen und dann die Quinoa bei kleiner Hitze ausquellen lassen.

Für das Dressing die Mango schälen, klein schneiden und mit 2 Esslöffel Olivenöl und Zitronensaft mit einem Stabmixer pürieren. Mit Chilipulver, Salz und Pfeffer würzen.

Den Portulak verlesen, waschen und abtropfen lassen. Die Zwiebel schälen, halbieren und in feine Streifen schneiden. Die Birne waschen, schälen, vierteln, Kerngehäuse entfernen und in kleine Würfel schneiden.

Portulak mit Zwiebelstreifen und dem Dressing (etwas zurückbehalten) locker vermengen und großflächig auf zwei Teller verteilen. Die Quinoa mit Birnenwürfeln vermengen und mittig auf die Salatteller verteilen. Mit restlichem Dressing leicht beträufeln. Nach Belieben mit 1 Esslöffel Aroniabeeren garnieren.

### Tipp
Die kleinen Thai-Mangos sind auch als Flugmangos bekannt, d. h., dass diese fertig gereift eingeflogen werden. Andere Mangos werden unreif gepflückt und reifen während Transport und Lagerung nach.

SUPERFOOD, MIT MANGO-DRESSING

MIT WEISSEN RÜBCHEN, MIT WILDKRÄUTERN

# STADTGARTEN-SALAT MIT GERÖSTETEM PUMPERNICKEL

50 g Pumpernickel

2 EL gehackte Mandeln

250 g kleine weiße Rübchen
(z. B. Frühlings-Navetten)

1 EL Olivenöl

Salz

schwarzer Pfeffer
aus der Mühle

100 g gemischte Bio-Wild-
kräuter (Schafgarbe, Giersch,
Löwenzahn, Sauerampfer)

3 EL Walnussöl

2 EL Himbeeressig

### Außerdem
essbare Blüten
(z. B. Kapuzinerkresseblüten)
zum Garnieren

30 Minuten

2 Portionen

Viele Stadtgärten in größeren Städten, die öffentlich von Bürgern bewirtschaftet werden können, bieten Freiflächen für Salat und Gemüse. Sie sind unter dem Namen „Urban Gardening" bekannt – und auch viele Restaurants bieten Wildes vom „Garten der Stadt" an.

Den Pumpernickel grob bis fein zerbröseln und zusammen mit den Mandeln in einer beschichteten heißen Pfanne etwa 2 Minuten unter Schwenken leicht rösten. Den Pfanneninhalt auf einen Teller geben.

Die Rübchen waschen, schälen, zuerst in Scheiben und dann in Stäbe schneiden. Das Olivenöl in einer beschichteten Pfanne erhitzen und darin die Rübchen von allen Seiten gut 5 Minuten dünsten. Mit Salz und Pfeffer würzen.

Die Wildkräuter verlesen, waschen, etwas kleiner zupfen und gründlich abtropfen lassen. Walnussöl mit Himbeeressig verrühren und mit den Wildkräutern vermengen. Mit Salz und Pfeffer würzen.

Den Salat großflächig auf Teller verteilen und mit den Rübchen hübsch anrichten. Die Pumpernickel-Mandeln darüberstreuen. Nach Belieben mit essbaren Blüten dekorieren.

### Variante
Die Navetten können auch roh verzehrt werden. Dazu diese einfach grob raspeln oder in feine Streifen schneiden.

### Tipps
Die weißen Rüben, ob Mairüben oder Teltower Rübchen, schälen und als Rohkost fein reiben. Wer keine Rübchen zur Verfügung hat, kann auch Kohlrabi oder fein geraspelten Rettich verwenden.

Pumpernickel besteht aus Roggenvollkornschrot, Wasser und Meersalz. Durch den kräftigen malzigen Geschmack kann es gut mit Früchten kombiniert werden.

# PFLÜCKSALATE MIT ZIEGENKÄSE, APRIKOSEN UND DATTELN

4 getrocknete Aprikosen

2 getrocknete Datteln

100 ml heiße Gemüsebrühe

Saft von 1 Orange

Salz

schwarzer Pfeffer
aus der Mühle

je 1 Prise gemahlener Zimt,
Piment und Cayennepfeffer

1 EL Sherryessig

1 EL Olivenöl

100 g Pflücksalatblätter
(z. B. roter und grüner
Eichblattsalat, Lollo rosso
und Lollo biondo)

1 Rolle Ziegenkäse (200 g)

### Außerdem
1 TL getrocknete Gojibeeren
zum Garnieren

1 EL Hanfsamen
zum Garnieren

1 EL geröstete Nüsse oder
Kerne zum Garnieren

etwas frische Petersilie
zum Garnieren

 30 Minuten

 2 Portionen

Getrocknete Früchte geben durch ihre konzentrierte Süße und ihr Aroma ein wunderbar fruchtiges Dressing.

Für das Dressing Aprikosen und Datteln klein schneiden und mit heißer Gemüsebrühe begießen. Einige Minuten ziehen lassen, Orangensaft zugießen und alles mit einem Stabmixer pürieren. Mit Salz, Pfeffer, Zimt, Piment und Cayennepfeffer würzen und zuletzt Sherryessig sowie Olivenöl unterrühren.

Den Backofen auf 200 °C (Umluft 180 °C) mit Grillstufe vorheizen und ein Backblech mit Backpapier auslegen. Die Pflücksalatblätter waschen und gründlich abtropfen lassen.

Den Ziegenkäse in 8 dünne Scheiben schneiden, auf das Backblech legen, mit etwas Olivenöl beträufeln und mit Salz und Pfeffer würzen. Im Backofen auf der mittleren Schiene 3–4 Minuten grillen.

Die Pflücksalate mit dem Dressing (etwas zurückbehalten) locker vermengen und auf zwei Teller verteilen. Die gegrillten Ziegenkäsescheiben auf den Salattellern verteilen und mit Dressing beträufeln. Nach Belieben mit Gojibeeren, Hanfsamen, gerösteten Nüssen oder Kernen und etwas frischer Petersilie garnieren.

### Tipp
Dazu passen Vollkornbrot, Grissini, Kräcker oder frisches Baguette.

SUPERFOOD: GOJIBEEREN, FÜR GÄSTE

# SCHAFSKÄSE UND KAMUT
# IM AVOCADOGARTEN

1 Schalotte

1 kleine Möhre

3 EL Rapsöl

100 g Kamut (siehe Tipp)

Salz

schwarzer Pfeffer aus der
Mühle

1 Prise gemahlene
Muskatnuss

200 ml Gemüsebrühe

1 kleines Bund Petersilie

100 g Schafskäse

1 EL weißer Aceto Balsamico

2 kleine Avocados
(z. B. Sorte Hass)

Saft von ½ Zitrone

### Außerdem

essbare Bio-Blumen oder
–blüten (z. B. Borretsch-
blüten, Gänseblümchen
oder Blüten-Potpourri)
zum Garnieren

30 Minuten

2 Portionen

Salate brauchen Platz! Auf entsprechend großen Tellern präsentieren sie sich optisch am besten.

Die Schalotte und die Möhre schälen und beides fein würfeln. 1 Esslöffel Rapsöl in einer beschichteten hohen Pfanne erhitzen und darin die Gemüsewürfel 1 Minute andünsten. Kamut einstreuen und unter Rühren 2 Minuten braten. Mit Salz, Pfeffer und Muskatnuss würzen und mit Gemüsebrühe aufgießen. Nach dem ersten Aufkochen 8–10 Minuten garen lassen. Anschließend kurz abkühlen lassen.

Inzwischen die Petersilie waschen, trocken schütteln, die Blättchen abzupfen und fein hacken. Den Schafskäse grob zerkleinern und mit Petersilie, 2 Esslöffel Rapsöl und Aceto Balsamico vermengen. Mit dem abgekühlten Kamut vermischen. Mit Salz und Pfeffer würzen.

Die Avocados schälen, halbieren, Kerne entfernen und die Hälften in dünne Scheibchen schneiden. Großflächig auf zwei Teller verteilen und mit Zitronensaft leicht beträufeln. Die Salatmischung darauf anrichten. Die essbaren Blumen oder Blüten gründlich waschen, auf Küchenpapier abtropfen lassen und die Salatteller damit garnieren.

### Tipp
Kamut ist eine uralte Weizenart, die im Speziellen von Naturköstlern entdeckt wurde. Der dem Weizen ähnliche Kamut hat exzellente Back- und Kocheigenschaften, d. h. ein gutes Klebereiweiß zum Binden und kurze Garzeiten. Falls kein Kamut zur Verfügung steht, einfach Grünkern oder Vollkornreis für dieses Rezept verwenden.

# RUCOLA MIT ZUCKERSCHOTEN UND SESAMDRESSING

200 g Zuckerschoten

Salz

1 EL weiße Sesamsamen

100 g Rucola

1 Schalotte

1 gelbe Paprikaschote

150 g Naturjoghurt
(oder Sojajoghurt)

1 Prise kräftiges
Currypulver

1 TL Gomasio
(geröstetes Sesamsalz)

Saft von etwa ¼ Zitrone

schwarzer Pfeffer
aus der Mühle

### Außerdem
1 EL getrocknete
Acerola-Kirschen
zum Garnieren

30 Minuten

2 Portionen

Salatteller können immer ein zusätzliches Topping vertragen! Dieser Salat ist cremig, würzig, roh, gekocht, knackig, kernig und mit etwas getrockneten Acerola-Kirschen fruchtig-süßlich.

Die Zuckerschoten waschen, putzen und in kochendem Salzwasser 1 Minute blanchieren. Anschließend mit kaltem Wasser abschrecken und abtropfen lassen. Die Sesamsamen in einer beschichteten heißen Pfanne kurz rösten und herausnehmen, sobald sie duften.

Den Rucola verlesen, dickere Stiele entfernen, waschen und abtropfen lassen. Die Schalotte schälen und fein würfeln. Die Paprikaschote waschen, halbieren, entkernen und in feine Streifen schneiden.

Den Naturjoghurt mit Currypulver, Gomasio und mit Zitronensaft sowie mit Pfeffer würzen. Die vorbereiteten Zutaten mit dem Dressing in einer Schüssel locker vermengen. Auf zwei großen Tellern hübsch anrichten und mit Sesamsamen und nach Belieben mit Acerola-Kirschen garnieren.

### Tipp
Dazu schmecken frittierte Frühlingsröllchen oder Pilzplätzchen aus der Pfanne. Oder für Mischköstler frittierte Krupuk (Krabbenchips).

### Variante
Das Dressing ohne Joghurt zubereiten und dazu 3 Esslöffel Pflanzenöl mit 2 Esslöffel Reisessig und Gomasio verrühren. Nach Belieben mit heller Sojasauce würzen.

# ITALIENISCHER KNOFI-BROTSALAT

### Für die Focaccia
1 Päckchen Trockenhefe

1 Prise Zucker

500 g Mehl

50 g schwarze Oliven

2 Zweige Rosmarin

2 Knoblauchzehen

1 TL Salz

100 ml Olivenöl

etwas Hartweizengrieß

### Für den Salat
1 kleine Zucchini

2 Möhren

1 grüne Paprikaschote

2 Eiertomaten

½ Fenchelknolle

2 Stangen Bleichsellerie

1 kleine Zwiebel

2 Knoblauchzehen

4 EL Olivenöl

2 EL weißer Aceto Balsamico

Salz

schwarzer und roter Pfeffer
aus der Mühle

### Außerdem
ein paar Basilikum-Blätter
zum Garnieren

1 Stunde plus Ruhezeit

2 Portionen

Wer kein altes Brot zur Verfügung hat, kann dieses Focaccia-Rezept ausprobieren und ofenfrisch zum Salat essen.

Die Trockenhefe mit 1 Prise Zucker in ¼ Liter lauwarmem Wasser auflösen. Das Mehl in eine große Schüssel sieben, in der Mitte eine Mulde formen, darin das Hefewasser eingießen. Mit etwas Mehl vom Rand bestäuben, die Schüssel mit einem Tuch abdecken und den Vorteig 30 Minuten ruhen lassen.

Die Oliven entkernen, in Scheiben schneiden. Rosmarin waschen, trocken schütteln, die Nadeln abzupfen, klein schneiden. Knoblauchzehen schälen und fein würfeln. Den Vorteig mit Salz und 1 Esslöffel Olivenöl geschmeidig verkneten. Zu einem Kloß formen, in Klarsichtfolie wickeln, bei Zimmertemperatur 30 Minuten ruhen lassen.

Den Backofen auf 200 °C (Umluft 180 °C) vorheizen und ein Backblech mit höherem Rand mit 50 ml Olivenöl ausgießen bzw. ausfetten. Auf einer Arbeitsplatte etwas Hartweizengrieß ausstreuen und darauf den Teig durchkneten und in etwa Backblechgröße auswellen.

Mit den Fingern auf der Teigoberfläche Vertiefungen formen. Darauf Oliven, Rosmarin und Knoblauch verteilen. Mit restlichem Olivenöl beträufeln. Das Backblech in den Backofen auf die mittlere Schiene stellen und die Focaccia in 25–30 Minuten knusprig backen.

In der Zwischenzeit das Gemüse waschen. Die Zucchini längs halbieren und in Scheibchen schneiden. Die Möhren schälen und grob raspeln. Die Paprikaschote vierteln, entkernen und quer in Streifen schneiden. Die Tomaten in Viertel oder Achtel schneiden.

Fenchel entstrunken, auf einem Gemüsehobel feinblättrig schneiden. Stangensellerie in Stücke schneiden. Die Zwiebel schälen, halbieren, in Streifen schneiden. Die Knoblauchzehen schälen und durch eine Knoblauchpresse zum Olivenöl drücken. Alle Zutaten mit Knoblauchöl, Essig, Salz und Pfeffer anmachen und auf Tellern verteilen. Nach Belieben mit Basilikum-Blättern garnieren und mit rotem Pfeffer bestäuben. Focaccia in Stücke schneiden und dazu servieren.

### Tipp
Für den Brotsalat 4 Scheiben Weißbrot (1–3 Tage alt) in mundgerechte Stücke schneiden. In einer Pfanne in Olivenöl knusprig braten. Unter den Salat mischen. Nach Belieben Knoblauch mit braten.

# WÜRZIGER MÖHRENSALAT MIT POLENTA

400 ml Gemüsebrühe
(Instant)

100 g Sojakochsahne

150 g Maisgrieß (Polenta)

1 kleines Bund Basilikum

Salz

schwarzer Pfeffer
aus der Mühle

1 EL Pflanzenöl

400 g Möhren

1 Zwiebel

2 Knoblauchzehen

je 1 kräftige Prise
gemahlener Kreuzkümmel
und edelsüßes Paprikapulver

Saft von ½ Zitrone

3 EL Olivenöl

**Außerdem**
etwas Petersilie
zum Garnieren

40 Minuten

2 Portionen

Die zwei Grundkomponenten, würziger Möhrensalat und die gebratene Polenta, lassen sich ebensogut in eine sogenannte „Handtasche" – aufgeklappte Pitabrote – einfüllen. Oder einzeln verpackt in Frischhaltedosen mitnehmen.

Gemüsebrühe und Sahne in einem breiten Topf aufkochen. Den Maisgrieß einrieseln und unter Rühren 2 Minuten kochen lassen. Den Topf mit Deckel verschließen und beiseiteziehen. Das Basilikum waschen, trocken schütteln, Blättchen abzupfen und fein hacken.

Das Basilikum unter die Polentamasse rühren und mit Salz und Pfeffer würzen. Ein halbes Backblech mit Alufolie belegen und mit der Hälfte des Pflanzenöls bestreichen. Die Polentamasse daraufstürzen, etwa 2 cm hoch, und diese glatt streichen. Mit dem restlichen Pflanzenöl bestreichen und bei Zimmertemperatur abkühlen lassen.

Inzwischen die Möhren schälen und auf einem Küchenhobel grob raspeln. Die Zwiebel und die Knoblauchzehen schälen und fein würfeln. Zusammen mit den Gewürzen, dem Zitronensaft und dem Olivenöl verrühren und mit den Möhren locker vermengen. Mit Salz und Pfeffer würzen.

Den Möhrensalat großflächig auf zwei Teller verteilen. Die Polenta in beliebige (mundgerechte) Stücke schneiden oder mit einem Ausstecher ausstechen und auf die Salatteller verteilen. Nach Belieben mit etwas Paprikapulver würzen und mit etwas Petersilie garnieren.

### Topping
Nach Bedarf eine Marinade zum Beträufeln und Dippen aus Joghurt und Petersilie zubereiten.

### To go
Zwei kleine Pitabrote ein-, aber nicht durchschneiden. Mit Möhrensalat füllen, dazwischen Polentastücke geben und alles mit Joghurt-Petersilie überziehen.

### Tipp
Die abgekühlte Polentamasse auf dem Backblech mit Plätzchenausstechern in Herzen oder Sternen ausstechen. In einer Pfanne mit Olivenöl auf jeder Seite knusprig braten.

GUT ZUM VORBEREITEN, EINFACH INS BROT PACKEN

# FENCHEL-ORANGEN-SALAT MIT ARANCINI

### Für die Reisbällchen
700 ml Gemüsebrühe
(Instant)

250 g Rundkornreis
(z. B. Arborio)

Salz

1 Prise gemahlener Safran

schwarzer Pfeffer
aus der Mühle

50 g frisch geriebener
Pecorino-Käse

3 Eier

50 g Orangenmarmelade

etwa 150 g Paniermehl

### Zum Frittieren
1 l Pflanzenöl

### Für den Salat
2 mittlere süßsaftige
Orangen

1 große Fenchelknolle

1 kleines Bund Petersilie

1 EL Weißweinessig

2 EL Olivenöl

### Außerdem
grüne oder schwarze Oliven
zum Garnieren

roter Pfeffer
zum Garnieren

1 Stunde

2 Portionen

Ein Rezept zum Splitten: Die Grundlage des fruchtig-pikanten Salats ist schnell gemacht und kann pur gegessen werden. Die kleinen frittierten Reisbällchen aus Süditalien sind das ideale Topping. Damit sich der Aufwand lohnt, ist das Rezept für 16 Bällchen berechnet. Die Arancini halten sich einige Tage im Kühlschrank und können eingefroren werden.

Die Gemüsebrühe mit Reis im Topf verrühren und aufkochen. Mit Salz, Safran und Pfeffer würzen und die Hitze reduzieren. Den Reis bei schwacher Hitze in etwa 30 Minuten ausquellen lassen. Pecorino-Käse und 1 Ei untermischen und vollständig abkühlen lassen.

Die Reismasse in 16 Portionen teilen. Je 1 Portion auf der Handfläche glatt drücken, etwas Orangenmarmelade daraufgeben, mit Reismasse umhüllen und zu einem Bällchen formen.

Die restlichen Eier mit 1–2 Esslöffel kaltem Wasser verquirlen. Die Bällchen darin eintauchen. In Paniermehl wenden. Das Pflanzenöl auf 180 °C erhitzen, die Arancini portionsweise goldbraun und knusprig backen. Auf Küchenpapier entfetten und abkühlen lassen.

Die Orangen so schälen, dass auch die weiße Haut entfernt wird. Aus den Hautsegmenten Orangenfilets schneiden und das restliche Fruchtfleisch auspressen. Die Fenchelknolle waschen, in Viertel schneiden, entstrunken und in dünne Streifen schneiden.

Petersilie waschen, trocken schütteln, die Blättchen abzupfen (etwas für die Deko zurückhalten) und grob hacken. Orangenfilets mit -saft, Fenchelstreifen und Petersilie vermengen. Mit Weißweinessig, Olivenöl, Salz und Pfeffer würzen. Die Salatmischung auf zwei Teller verteilen und nach Belieben mit Oliven und etwas frischer Petersilie garnieren und mit rotem Pfeffer bestäuben. Die Reisbällchen separat dazureichen, sonst werden sie vom Salat schnell aufgeweicht.

### Tipp
Den Fenchel-Orangen-Salat (ohne Reisbällchen) mit Weißbrot und gemischter Käse- und Schinkenauswahl servieren.

### Schon gewusst?
Arancini heißen aus dem Italienischen übersetzt kleine Orangen. Dies bezieht sich auf die fruchtige Orangenfüllung.

# TEX-MEX-SALAT MIT SALSA
# UND ERBSEN-DIP

### Für den Erbsen-Dip
200 g TK-Erbsen

Salz

100 g saure Sahne

schwarzer Pfeffer
aus der Mühle

Cayennepfeffer

### Für die Salsa
200 g aromatische Tomaten

2 Frühlingszwiebeln

½ kleines Bund Koriander

1 kleine reife Flugmango

Saft von ½ Limette

1 EL Olivenöl

1 kräftige Prise Chiliflocken

1 Prise gemahlener
Kreuzkümmel

### Zum Servieren
½ kleiner Kopf Eisbergsalat

4 Taco-Shells

100 g Gemüsemais

1 kräftige Prise Taco-Gewürz

40 Minuten

2 Portionen

Dieses Rezept lässt sich beliebig variieren und servieren. Nach Geschmack auch Streifen von gelben, roten und grünen Paprikaschoten dazu reichen.

Die Erbsen unaufgetaut in einen Topf kochendes Salzwasser geben. Nach dem ersten Aufkochen die Hitze reduzieren und die Erbsen 2 Minuten weitergaren. Dann in ein Sieb abgießen, mit kaltem Wasser abschrecken und abtropfen lassen.

Die Erbsen mit saurer Sahne vermischen und mit einem Mixstab pürieren. Mit Salz, Pfeffer und Cayennepfeffer würzen.

Für die Salsa die Tomaten waschen, halbieren, entkernen und fein würfeln. Die Frühlingszwiebeln putzen, waschen und in kleine Würfel und Ringe schneiden. Den Koriander waschen, die Blättchen von den Stängeln zupfen (etwas für die Deko zurückhalten) und fein hacken. Flugmango schälen, das Fruchtfleisch in kleine Stücke schneiden.

Die vorbereiteten Zutaten mit Limettensaft, Olivenöl sowie den Gewürzen vermischen. Den Eisbergsalat waschen, die Blätter in feine Streifen schneiden und mit Küchenpapier trocken tupfen.

Die vorbereiteten Zutaten in Schälchen füllen und auf den Tisch stellen. Nach Belieben einen Teil Salatstreifen in die Taco-Shells verteilen. Mit Salsa überziehen, mit den restlichen Salatstreifen und den Maiskörnern belegen und löffelweise mit Erbsen-Dip überziehen. Mit Taco-Gewürz bestreuen und mit etwas Koriander garnieren.

### Tipp
Taco-Gewürz kann individuell selbst hergestellt werden – die Ingredienzien sind Knoblauch, Zwiebel, Oregano, Chili, Kreuzkümmel und Koriander.

### Avocadocreme
Erbsen und Joghurt zusätzlich mit dem Fruchtfleisch von ½ Avocado pürieren. Fein gehackte Frühlingszwiebeln und Tomaten unterheben. So wird's eine Guacamole.

AUCH TO GO MÖGLICH

# GEFÜLLTE EIER AUF TOMATEN-BOHNEN-SALAT

250 g frische Prinzessbohnen

Salz

2 große Tomaten

4 Eier (Größe L)

2 EL Mayonnaise

1 EL Chiliketchup

einige Spritzer Tabasco-Sauce

schwarzer Pfeffer aus der Mühle

gemahlener Rosenpaprika

1 rote Paprikaschote

1 Schalotte

Saft von ½ Zitrone

2–3 EL lauwarme Gemüsebrühe

2 EL Olivenöl

### Außerdem
je 1 Prise gemahlenen (oder frischen) Koriander und Piment zum Garnieren

30 Minuten

2 Portionen

Zu diesem Gericht schmeckt ein schwarzes Olivenmus auf Röstbrot gut. Dazu einfach entkernte schwarze Oliven mit Thymian, getrockneten Tomaten, Kapern und Olivenöl im Mixer pürieren und auf geröstete Brotscheiben streichen.

Die Bohnen verlesen, putzen, waschen und in kochendem Salzwasser etwa 2 Minuten bissfest garen. In ein Sieb gießen, mit kaltem Wasser abschrecken und abtropfen lassen. Die Tomaten mit heißem Wasser überbrühen, häuten, vierteln und entkernen. Das Fruchtfleisch in kleine Würfel schneiden.

Die Eier in kochendem Wasser in etwa 10 Minuten hart kochen. Anschließend kalt abschrecken, schälen und längs halbieren. Die Eigelbe herauslösen und mit Mayonnaise, Chiliketchup, Tabasco-Sauce, Salz und Pfeffer und Rosenpaprika cremig rühren. Diese Masse in einen Spritzsack füllen und dekorativ in die Eihälften spritzen.

Die Paprikaschote waschen, halbieren, entkernen und in hauchdünne Streifen schneiden. Die Schalotte schälen, halbieren und in dünne Streifen schneiden. Beides zusammen mit den Bohnen sowie den Tomatenwürfeln vermengen. Zitronensaft, Gemüsebrühe und Olivenöl verrühren und darübergießen. Gut vermischen, mit Salz, Pfeffer und nach Belieben mit je 1 Prise Koriander (Alternativ: frischer Koriander) und Piment würzen und auf zwei Tellern anrichten. Die gefüllten Eierhälften darauf verteilen.

### Serviervorschlag
Dazu Pumpernickel-Brot reichen.

### Tipp
Das schwarze Olivenmus mit Anchovis variieren, das ergibt die klassische Tapenade aus Südfrankreich.

# TÜRKISCHER BULGURSALAT „KISIR"

150 g Bulgur

300 ml heiße Gemüsebrühe

1 TL Paprikaflocken
(Pul Biber)

1 mittelgroße Zwiebel

2 Frühlingszwiebeln

4 EL Olivenöl

1 TL Tomatenmark

½ kleines Bund Petersilie

150 g Weißkohl

Salz

1 Prise Kreuzkümmel

½ kleiner Romana-Salat

2 aromatische Tomaten

Saft von ½ Zitrone

30 Minuten

2 Portionen

Der würzig-erfrischende Salat erhält seine rötliche Färbung durch das Gewürz Pul Biber. Die Bulgurmischung kann solo, ohne Weißkohlsalat, Tomaten und Romana, gut verpackt in der Pausenbox mit zur Arbeit genommen werden.

Den Bulgur in eine Schüssel rieseln lassen und mit kochend heißer Gemüsebrühe begießen. Mit Paprikaflocken würzen und mit einem Tuch abgedeckt etwa 10 Minuten quellen lassen.

Die Zwiebel schälen und fein würfeln. Die Frühlingszwiebeln putzen, waschen und klein schneiden. In einer Pfanne 1 Esslöffel Olivenöl erhitzen, darin die Zwiebelwürfel 1 Minute dünsten und mit Tomatenmark verrühren. Die Pfanne beiseiteziehen.

Die Petersilie waschen, trocken schütteln, die Blättchen abzupfen (etwas für die Deko zurückhalten) und fein hacken. Den Weißkohl putzen und auf einem Gemüsehobel in feinste Streifen hobeln. Die Weißkohlstreifen mit etwas Salz und Kreuzkümmel kräftig mit den Händen durchkneten.

Den Romana-Salat in Blätter zerpflücken, einzeln waschen und trocken schleudern. Dann quer in dünne Streifen schneiden. Die Tomaten waschen und je nach Größe in Viertel oder Achtel schneiden.

Den Bulgur mit dem Pfanneninhalt, 2 Esslöffel Olivenöl, Frühlingszwiebeln und Petersilie locker vermengen. Mit Salz und Pfeffer würzen. Tomaten und Romana-Streifen mit 1 Esslöffel Olivenöl, Salz und Pfeffer anmachen. Bulgur mittig auf zwei Tellern anrichten. Daneben die Weißkohlstreifen und obenauf die Salatmischung. Nach Belieben mit etwas Petersilie garnieren.

**Serviervorschlag**
Dazu passen runde Sesambrote.

# „FATTOUSH" – BROTSALAT MIT MINZE

300 g Fladenbrot
(vom Vortag)

6 EL Olivenöl

2 Frühlingszwiebeln

1 kleine Salatgurke

1 kleine Zucchini

1 Paprikaschote

200 g aromatische Tomaten

½ Bund Minze

einige Petersilienstängel

2 Knoblauchzehen

Saft von 1 Zitrone

Salz

schwarzer Pfeffer
aus der Mühle

### Außerdem
1 kräftige Prise
Sumach-Gewürz

1 kleine Handvoll
Portulak oder Blattsalat in
Streifen geschnitten

25 Minuten

2 Portionen

Bei diesem Salat ist es ganz wichtig, dass die gebratenen Brotwürfel erst unmittelbar vor dem Servieren beigemischt werden. So behalten sie die krosse Konsistenz.

Das Fladenbrot in mundgerechte Stücke schneiden. Die Hälfte des Olivenöls in einer beschichteten Pfanne erhitzen und darin die Brotstücke von allen Seiten 2–3 Minuten rösten.

Für den Salat die Frühlingszwiebeln putzen, waschen und fein hacken. Sämtliches Gemüse waschen. Die Salatgurke längs halbieren, mit einem Löffel die Kerne herauskratzen und quer in dünne Streifen schneiden. Die Zucchini längs vierteln und quer in dünne Stücke schneiden. Die Paprikaschote halbieren, entkernen, Stielansätze entfernen und in kleine Würfel schneiden. Die Tomaten vierteln, entkernen und klein würfeln.

Minze (etwas für die Deko zurückhalten) und Petersilie waschen, trocken schütteln, die Blättchen abzupfen und fein hacken. Die Knoblauchzehen schälen und durch die Knoblauchpresse zum restlichen Olivenöl pressen. Die Kräuter sowie den Zitronensaft unterrühren. Mit Salz, Pfeffer und nach Geschmack mit Sumach würzen. Alle vorbereiteten Zutaten, nach Belieben auch den grünen Salat, in einer Schüssel locker vermengen. Falls gewünscht, mit etwas zusätzlicher Minze garnieren.

### Tipp
Der fruchtig-frische und säuerliche Geschmack von den getrockneten Steinfrüchten der Sumachpflanze wird in der orientalischen Küche vielfach für Marinaden und Saucen bevorzugt. Für Salatsaucen kann dieses getrocknete Gewürz auch als Variante für Essig oder Zitrone verwendet werden.

# AUBERGINE MIT ROMANA UND SELLERIE

1 mittlere Aubergine

2 Stangen Bleichsellerie

1 kleiner Romana-Salat

1 Möhre

2 Knoblauchzehen

½ kleines Bund Petersilie

100 g Naturjoghurt

Saft von ½ Zitrone

Salz

schwarzer Pfeffer aus der Mühle

2 EL Olivenöl

50 g schwarze und grüne Oliven

nach Belieben frisches Fladenbrot zum Tunken

Auch wenn Sie keine Auberginen mögen, dieses Rezept wird Sie überzeugen. Das Fruchtfleisch wird fein geschmort, grob zerhackt, gut gewürzt – und ist eine Abwandlung vom arabischen Baba Ghanoush.

Den Backofen auf 200 °C (Umluft 180 °C) vorheizen. Die Aubergine waschen, rundherum mit einer Gabel einstechen und auf der mittleren Schiene auf ein Backblech in den Backofen legen. Nach 20 Minuten, wenn die Auberginenhaut sichtlich dunkel gefärbt ist und Blasen wirft, herausnehmen.

Inzwischen Gemüse und Salat waschen. Die Selleriestangen quer in kleine Stücke schneiden. Den Salat in Blätter zerpflücken oder in Streifen schneiden. Die Möhre schälen und auf einem Gemüsehobel grob raspeln. Die Knoblauchzehen schälen und durch eine Knoblauchpresse drücken.

Die Petersilie waschen, trocken schütteln (etwas für die Deko zurückhalten), grob hacken und zusammen mit Knoblauch und Joghurt verrühren. Mit 1 Spritzer Zitronensaft, Salz und Pfeffer würzen.

Die Aubergine schälen und das Fruchtfleisch grob hacken. Mit Olivenöl und mit Zitronensaft verrühren und mit Salz und Pfeffer würzen. Auf zwei Tellern anrichten. Mit Oliven garnieren. Sellerie, Salatstreifen und Möhrenraspel mit dem Joghurtdressing locker vermengen und daneben verteilen. Nach Belieben Fladenbrot in Streifen schneiden und dazureichen. Mit etwas Petersilie garnieren.

### Variante
Die Aubergine in etwa 1 cm große Würfel schneiden, mit Salz bestreuen und 20 Minuten ziehen lassen. Mit Küchenpapier trocken tupfen und in heißem Olivenöl von allen Seiten 5 Minuten kross braten. Aus der Pfanne nehmen und mit Tomaten- und Frühlingszwiebelwürfeln sowie mit dem Joghurtdressing von Schritt 3 locker vermengen. Löffelweise auf Romana-Salatblättern anrichten und mit eingeweichten Rosinen sowie gerösteten Pinienkernen garnieren.

### Baba Ghanoush
Das geschmorte Fruchtfleisch der Aubergine mit Olivenöl, Zitronensaft, Petersilie und Sesampaste (Tahin) pürieren. Mit Salz, Pfeffer, Kreuzkümmel würzen und mit geröstetem Sesamsamen garnieren.

40 Minuten

2 Portionen

MIT DIP
IM SALAT

MEDITERRAN, KÖSTLICH

# ARTISCHOCKENSALAT MIT SCHAFSKÄSE

1 kleines Bund
gemischte Kräuter
(Petersilie, Basilikum,
Oregano)

1 kleine rote Zwiebel

½ kleine rote Chilischote

50 g Baby-Spinat

150 g Schafskäse

1 Glas eingelegte
Artischocken
(Abtropfgewicht 250 g)

3 EL Olivenöl

1 EL Weißweinessig

Salz

schwarzer Pfeffer
aus der Mühle

**Außerdem**
schwarze Kalamata-Oliven
zum Garnieren

30 Minuten

2 Portionen

Meist greift man zu Artischocken im Glas, weil entweder keine Saison für frische Artischocken ist – oder weil die Vorbereitung zu aufwendig erscheint. Bei diesem Rezept sind beide Varianten angegeben, ob mit frischer Zubereitung oder mit eingelegten Artischocken. Je nach Lust oder Saison!

Die Kräuter waschen, trocken schütteln, Blättchen abzupfen (etwas für die Deko zurückhalten) und fein hacken. Die Zwiebel schälen und in feine Streifen schneiden. Die Chilischote waschen, entkernen und fein würfeln. Den Baby-Spinat waschen und am besten in einer Salatschleuder trocken schleudern.

Den Schafskäse in kleine Stücke schneiden. Die Artischocken in einem Sieb abtropfen lassen und in kleine Stücke schneiden. Das Olivenöl mit Chiliwürfeln, Kräutern und Weißweinessig verrühren. Mit Salz und Pfeffer würzen. Baby-Spinat und Zwiebeln mit 1 Esslöffel Dressing locker vermischen und großflächig auf zwei Teller verteilen.

Den Schafskäse mit Artischockenstücken sowie dem restlichen Dressing vermischen und löffelweise auf den Spinattellern anrichten. Nach Belieben mit schwarzen Oliven und etwas Kräutern garnieren.

### Zubereitung von frischen Artischocken
Dazu 2 frische Artischocken vorbereiten. Die Stiele abschneiden und die Artischocken sofort mit Zitronensaft beträufeln. Mit einer Küchenschere die Blätter bis zum Artischockenboden abschneiden und dabei die weicheren lila Blätter sowie das „Heu" auf den Böden entfernen und abkratzen. Die Artischockenböden mit Zitronensaft beträufeln und in sehr dünne Scheiben schneiden. Mit einer Marinade aus 3 Esslöffeln Olivenöl, 1 zerdrückten Knoblauchzehe und 1 Esslöffel gehackter Petersilie vermengen.

Oder: Von den frischen Artischocken die Stiele abschneiden, in Zitronenwasser etwa 15 Minuten kochen, bis sich einzelne Blätter ablösen lassen. Die Artischocken aus dem Kochwasser nehmen, die Blätter und das Heu entfernen. Die gegarten Artischockenböden in mundgerechte Stücke schneiden und wie in Schritt 3 verwenden.

# CAESAR'S SALAD MIT TOMATEN

2 Scheiben Toastbrot

1 EL Olivenöl

1 Romana-Salat

150 g aromatische Tomaten

½ TL mittelscharfer Senf

1 Eigelb

50 ml Pflanzenöl

2 EL Weißweinessig

Salz

schwarzer Pfeffer aus der Mühle

50 g geriebener Parmesan

25 Minuten

2 Portionen

Caesar's Salad ist wie so manch anderer Klassiker ein typisches Restegericht. Der in Amerika beheimatete Italiener Cesare Cardini hatte im mexikanischen Tijuana ein Restaurant namens Caesar's Place. An einem Tag blieben viel zu viele Zutaten übrig, sodass Cesare beschloss, einfach aus dem noch reichlich vorhandenem Salat etwas Neues, unter dem Namen Caesar's Salad, zu kreieren. Den Gästen hat es so gut geschmeckt, dass diese Salatkreation in den USA mittlerweile ein Klassiker ist.

Die Brotscheiben in etwa ½ cm kleine Würfel schneiden und in Olivenöl von allen Seiten 1–2 Minuten rösten. Die Pfanne beiseiteziehen. Den Romana-Salat putzen, quer in Streifen schneiden, waschen und gründlich abtropfen lassen.

Die Tomaten waschen, vierteln, entkernen und in Streifen schneiden. Mit einem elektrischen Handrührgerät Senf und Eigelb verrühren und langsam das Pflanzenöl eingießen, sodass eine cremige Sauce entsteht. Mit Weißweinessig und eventuell 1–2 EL Wasser verrühren und mit Salz und Pfeffer würzen.

Tomaten- und Romana-Streifen locker vermengen und die Salatsauce sowie den Parmesan untermischen. Den Salat auf Teller verteilen und die Croûtons darüberstreuen.

### Varianten
Der Grundstock dieser klassischen Salatkreation besteht aus Croûtons, Romana-Salat, einem cremigen Dressing und Parmesan. Dann kann es einem Baukastensystem gleichen, je nach Geschmack und Inhalt des eigenen Kühlschranks. Ein paar Cocktailgarnelen, Zucchinistifte, gebratenes Hähnchenbrustfilet, Anchovis und Kapern – oder vielleicht Avocado?

### By the way
Sollte mal eine Vinaigrette nicht schmecken oder zu dünn sein, einfach geraspelten Käse untermengen. Das gibt zusätzlich Würze und mehr Geschmack an Blattsalaten.

FÜR GÄSTE

# PANIERTE CHAMPIGNONS IM KRÄUTERBEET

250 g Champignons

1 großes Ei

½ TL mittelscharfer Senf

Salz

schwarzer Pfeffer
aus der Mühle

Cayennepfeffer

etwa 100 g Paniermehl

100 g gemischter
Kräutersalat

1 EL grünes Pesto
(oder rotes)

½ TL Honig

2 EL Olivenöl

1 EL Rotweinessig

100 ml Pflanzenöl

30 Minuten

2 Portionen

Speziell auf Bauernmärkten, Bio-Läden und gut sortierten Supermärkten gibt es Mischungen von Wildkräutern und essbaren Blüten. Je nach Saison wechselt das Angebot, ob nun Gänseblümchen, Sauerampfer, Borretsch oder Löwenzahn, so schmeckt jedes Kräuterbeet wieder anders.

Die Champignons putzen. Das Ei mit Senf und 1 Esslöffel Wasser verquirlen und mit Salz, Pfeffer und Cayennepfeffer würzen. Die Pilze durch das Ei ziehen. Im Paniermehl von allen Seiten wenden.

Den Kräutersalat waschen und am besten in einer Salatschleuder trocken schleudern. Das Pesto mit Honig, Olivenöl und Rotweinessig verrühren. Nach Geschmack mit Salz und Pfeffer würzen.

Das Pflanzenöl in einer tiefen Pfanne erhitzen und darin die panierten Champignons von allen Seiten in 2–3 Minuten goldbraun und knusprig backen. Auf Küchenpapier entfetten.

Den Kräutersalat mit der Marinade locker vermengen und auf zwei Teller verteilen. Die Champignons darauf anrichten.

**Tipp**
Als Dip für die Champignons noch rotes oder grüne Pesto servieren.

# CURRY-HUMMUS MEETS EICHBLATTSALAT

**Für das Hummus**

250 g gekochte
Kichererbsen (Glas)

1 Knoblauchzehe

1 kleines Bund Koriander

Saft von ½ Zitrone

3 EL Olivenöl

½ TL würziges Currypulver

Salz

schwarzer Pfeffer
aus der Mühle

Cayennepfeffer

gemahlener Kreuzkümmel

1 kleiner Kopf Eichblattsalat

1 Schalotte

Saft von ½ Limette

1 TL Granatapfelsirup

4 EL Weizenkeimöl

30 Minuten

2 Portionen

Ein flaches ofenfrisches Fladenbrot in Streifen schneiden und im Brotkorb zu der Kichererbsenpaste sowie dem leichten, fruchtigen Blattsalat reichen.

Die Kichererbsen abtropfen lassen. Die Knoblauchzehe schälen und durch eine Knoblauchpresse drücken. Den Koriander waschen, trocken schütteln, die Blättchen abzupfen und fein hacken. Die Kichererbsen mit Knoblauch, Zitronensaft und Olivenöl in der Küchenmaschine oder mit dem Stabmixer fein pürieren.

Das Kichererbsenmus kräftig mit Currypulver, Salz, Pfeffer, Cayennepfeffer sowie mit Kreuzkümmel würzen. Zuletzt den Koriander unterrühren und alles nochmals abschmecken.

Den Salat in Blätter zerpflücken, waschen und gründlich abtropfen lassen. Die Schalotte schälen und fein würfeln. Den Limettensaft mit Granatapfelsirup, Schalottenwürfeln und Weizenkeimöl verrühren. Mit Salz und Pfeffer würzen.

Den Salat in zwei Schüsseln verteilen und das Kichererbsenmus in Portionsschalen füllen.

### Tipp
Anstatt Granatapfelsirup passt auch Ahornsirup, Honig, Apfel- oder Birnendicksaft.

### Variante
*Mit Dosen kochen kann jeder, getrocknete Kichererbsen zu Hummus verarbeiten ist zeitlich ein bisschen aufwendiger: Dafür die Kichererbsen in einer Schüssel mit so viel Wasser begießen, dass alles bedeckt ist. Mindestens acht Stunden, am besten über Nacht, einweichen lassen. Die Kichererbsen in ein Sieb gießen, gründlich mit kaltem Wasser waschen und in einen Topf mit frischem Wasser bedeckt, zum Kochen aufstellen. Die Garzeit beträgt etwa 1 Stunde, zwischendurch immer wieder den entstandenen Kochschaum mit einer Schaumkelle abschöpfen. Anschließend abgießen und dabei etwas von der Kochflüssigkeit aufbewahren. Mit einem elektrischen Stabmixer oder im Standmixer die Kichererbsen mit etwas Kochflüssigkeit sowie den Zutaten von Kochschritt 2 pürieren.*

WÜRZIG-FRISCH

# SMOOTHIE-BOWL MIT KALE-CHIPS

1 Banane

etwa 50 g Baby-Spinat

½ Avocado

Saft von ¼ Zitrone

50 ml Kokosnussmilch

1 EL Mandelmus

### Außerdem

1 gelbe Kiwi in Scheiben zum Garnieren

1 EL Chiasamen zum Garnieren

Salatgenuss neu interpretiert in der Superfoodszene. Dazu wird die Basis gemixt und mit Toppings kredenzt. Zusätzlich gibt es noch das Kale-Chips-Rezept, denn Gemüse zu knabbern ist viel gesünder als kalorienhaltige Fertigchips.

Die Banane schälen und klein schneiden. Die Spinatblätter waschen und abtropfen lassen. Die Avocado schälen und das Fruchtfleisch mit Zitronensaft beträufeln.

Alle vorbereiteten Zutaten mit Kokosnussmilch und Mandelmus in den Standmixer geben. Langsam starten und dann bei Höchststufe alles dicklich cremig pürieren. In eine Schüssel füllen. Mit Kiwischeiben und Chiasamen garnieren.

### Variante ohne Mixen

Spinatblätter mit Avocadoscheibchen mit einer Marinade aus 2 Esslöffel Olivenöl und dem Saft von einer halben Zitrone vermischen. Mit Salz und Pfeffer würzen. Auf einem Teller verteilen und mit Bananen- sowie mit Kiwischeiben belegen. Mit Kokosnussraspeln und Chiasamen bestreuen. Dazu passen die Kale-Chips.

## KALE-CHIPS

 50 Minuten   1 Backblech

400 g Grünkohl Baby-Leaf • 3 EL Olivenöl • Meersalz • grob geschroteter schwarzer Pfeffer

Den Backofen auf 140 °C (Umluft 120 °C) vorheizen und ein Backblech mit Backpapier auslegen. Den Grünkohl waschen, trocken schleudern und die Blätter in mundgerechte Stücke zupfen.

Die Grünkohlblättchen in einer Schüssel mit Olivenöl schwenken und mit Meersalz und Pfeffer würzen. Auf dem Backblech verteilen und im Ofen auf der mittleren Schiene etwa 40 Minuten trocknen lassen.

### Variable Würzung

Je nach Geschmack zusätzlich mit Salz und Pfeffer, Cayennepfeffer, Rosenpaprika, Currypulver und/oder Kardamom würzen.

10 Minuten

1 Schüssel (Bowl)

# APFEL-SAUERKRAUT-SALAT MIT HASELNUSSPESTO

250 g rohes Sauerkraut

150 g süße helle und blaue Weintrauben

1 kleine Zwiebel

1 säuerlicher Apfel

1 kleiner Kohlrabi

2 EL Pflanzenöl (z. B. Maiskeimöl)

Meersalz

schwarzer Pfeffer aus der Mühle

**Außerdem**

etwas Petersilie zum Garnieren

Heutzutage sprechen Wissenschaftler von probiotischen Eigenschaften, hohem Mineralwert und unschlagbar hohem Vitaminanteil, wenn es um das gute alte Sauerkraut geht. Als Rohkost mit wertvollen Partnern im Salat schmeckt es mit Bauernbrot und dem nussigen Pesto hervorragend.

Das Sauerkraut ausdrücken, abtropfen lassen und mit einem Messer mehrmals durchschneiden (damit keine Knäuel entstehen). Die Weintrauben entstielen, waschen, halbieren, eventuell entkernen.

Die Zwiebel schälen, halbieren und in feine Streifen schneiden. Den Apfel schälen, entkernen und in kleine Würfel schneiden. Den Kohlrabi schälen und passend zum Apfel schneiden.

Die vorbereiteten Zutaten mit Maiskeimöl vermischen. Mit Meersalz und Pfeffer würzen und auf zwei Teller verteilen. Nach Belieben mit etwas Petersilie bestreuen.

## FÜR DAS HASELNUSSPESTO

 15 Minuten   4 Portionen

½ Bund Petersilie • 2 Knoblauchzehen • 50 g geriebener Parmesan • 50 g gemahlene Haselnusskerne • 100 ml Olivenöl • 1 Prise gemahlene Muskatblüte • schwarzer Pfeffer aus der Mühle

Die Petersilie waschen, trocken schütteln, die Blättchen abzupfen und diese klein hacken. Die Knoblauchzehen schälen und klein schneiden.

Mit einem Stabmixer oder im Standmixer Petersilie, Knoblauch, Parmesan und Haselnüsse, unter langsamem Zugießen vom Olivenöl, grob pürieren. Mit Muskatblüte und Pfeffer würzen.

20 Minuten

2 Portionen

KLASSIKER ZUM
MITNEHMEN

# COLE SLAW SALAD „RELOADED"

½ kleiner Kopf Weißkohl

2 Möhren

1 Zwiebel

Saft von ½ Zitrone

1 TL brauner Zucker

5 EL lauwarme Gemüsebrühe

2 EL Weißweinessig

100 g Miracel Whip Balance
(fettreduziert)

Salz

schwarzer Pfeffer
aus der Mühle

**Außerdem**

etwas Petersilie zum
Garnieren

25 Minuten plus
4 Stunden Marinierzeit

4 Portionen

American style pur! Der Weißkohlsalat mit Mayonnaise wird obligatorisch zu Grillgerichten, meist zu Frittiertem serviert. Reloaded heißt in diesem Fall, leicht entfettet und variiert. Die Portionsmenge ist für 4 kleine Portionen berechnet, denn es handelt sich um einen typischen Beilagensalat.

Den Weißkohl vierteln, Strunk entfernen putzen, waschen und auf einem Küchenhobel in feine Streifen schneiden. Die Möhren waschen, schälen und grob raspeln. Die Zwiebel schälen und fein würfeln.

Aus Zitronensaft, Zucker, Gemüsebrühe, Weißweinessig und Miracel Whip eine Sauce rühren. Mit Salz und Pfeffer würzen und in einer Schüssel mit Weißkohlstreifen, Möhrenraspeln und Zwiebelwürfeln locker vermengen. Nochmals abschmecken. Die Schüssel mit Folie verschließen und den Salat zum Durchziehen für mindestens 4 Stunden in den Kühlschrank stellen. Zum Servieren umfüllen und nach Belieben mit etwas Petersilie (gehackt oder gezupft) bestreuen.

**Tipp**
Als verdauungsfördernde Gewürze eignen sich zusätzlich Fenchel- oder Selleriesamen.

# WALDORF-SALAT „NEU INTERPRETIERT"

1 kleine Knolle Sellerie
mit Blättchen

2 säuerliche Äpfel

Saft von ½ Zitrone

50 g Walnusskerne

100 g Naturjoghurt

50 g Miracel Whip Balance
(fettreduziert)

1 TL Dijon -Senf

Salz

schwarzer Pfeffer
aus der Mühle

1 kleine Prise
Cayennepfeffer

30 Minuten plus
4 Stunden Kühlzeit

4 Portionen

Waldorf-Salat ist in einer Luxusküche kreiert worden, in der Nobelherberge Waldorf in New York. Auch dieser Salat kommt mit weniger Fett aus und wird leicht abgewandelt serviert. Super als kleiner Beilagensalat für 4 Portionen.

Einige Sellerieblättchen abzupfen, waschen und fein hacken. Die Sellerieknolle waschen, schälen und zuerst in dünne Scheiben und diese dann quer in feine Streifen schneiden. Die Äpfel waschen, schälen, entkernen und ebenfalls in feine Streifen schneiden. Sellerie- und Apfelstreifen in einer Schüssel mit Zitronensaft und Sellerieblättchen vermengen.

Ein paar Walnusskerne zurückbehalten und die restlichen fein hacken. Den Joghurt mit Miracel Whip sowie mit Senf gründlich verrühren und mit den gehackten Walnusskernen sowie dem Schüsselinhalt vorsichtig vermengen. Mit Salz, Pfeffer und Cayennepfeffer würzen. Die Schüssel mit Folie bedecken und den Waldorf-Salat im Kühlschrank etwa 4 Stunden durchziehen lassen. Zum Servieren umfüllen und mit ein paar Walnusskernhälften garnieren.

### Tipp
Der Salat lässt sich auch mit veganen Produkten wie Sojajoghurt und Veganaise (pflanzliche Mayonnaise ohne Ei) hervorragend zubereiten.

KLASSIKER

# ANTIPASTI-SALAT AUS DEM BACKOFEN

500 g Gemüse insgesamt, wie Aubergine, Zucchini, Paprikaschote, Champignons

100 g kleine bunte Strauchtomaten

1 kleine rote Zwiebel

2 Knoblauchzehen

1 frischer Thymianzweig

4 EL Olivenöl plus 1 TL fürs Backblech

Meersalz

schwarzer Pfeffer aus der Mühle

1 Bund Rucola

1 EL Sherryessig

### Außerdem
Aceto Balsamico Crema zum Garnieren

40 Minuten

2 Portionen

Solche Rezepte entstehen meist durch Resteverwertung und können in jedem Haushalt anders schmecken. Lauwarme Gemüse aus dem Ofen, gut gewürzt und pfiffig mit frischen Zutaten kombiniert, schmecken solo – oder auch mit gegrilltem Fisch, Fleisch, Tofupflänzchen oder Käse sehr gut.

Den Backofen auf 200 °C (Umluft 180 °C) vorheizen und ein Backblech mit etwas Olivenöl bestreichen. Das Gemüse waschen. Aubergine und Zucchini in 1–2 cm große Stücke schneiden. Die Paprikaschote entkernen und passend dazu schneiden. Die Champignons je nach Größe halbieren oder vierteln.

Die Tomaten kreuzweise einschneiden oder halbieren. Die Zwiebel schälen und in Streifen schneiden. Die Knoblauchzehen schälen und etwas kleiner schneiden. Den Thymian waschen. Alle vorbereiteten Gemüse mit dem Thymian auf dem Backblech verteilen und mit 2 Esslöffel Olivenöl beträufeln. Mit Meersalz und Pfeffer würzen.

Das Backblech auf die mittlere Schiene in den Backofen schieben und das Gemüse etwa 20 Minuten garen. In der Zwischenzeit den Rucola waschen, trocken schleudern und in kleinere Stücke zupfen oder schneiden.

Das Gemüse aus dem Backofen nehmen und je nach Belieben nur kurz oder ganz abkühlen lassen. Auf zwei Teller verteilen. Den Rucola mit dem restlichen Olivenöl und Essig vermengen und mit Meersalz und Pfeffer würzen. Den Salat rund um das Gemüse anrichten und nach Belieben alles mit „Fäden" aus der Aceto Balsamico Crema Flasche garnieren.

### Variante
Zusätzlich nach Belieben Mozzarella in Form von Mozzarellaherzchen oder Kügelchen als Topping verwenden.

### Tipp
Wenn der Backofen schon heiß ist, können zusätzlich Brotscheiben zum Rösten in den Ofen gelegt werden.

# EISBERGSALAT MIT LINSENDRESSING

50 g Puy-Linsen

100 ml Gemüsebrühe

1 Schalotte

1 kleiner Eisbergsalat

2 kleine Möhren

2 EL Aceto Balsamico

2 EL Haselnussöl

Salz

schwarzer Pfeffer
aus der Mühle

25 Minuten

2 Portionen

Die knackigen Eisbergsalatblätter vertragen viel Würze und Aroma. Nach Belieben können Brotchips und Schmortomaten dazu serviert werden.

Die Linsen in einem Sieb waschen und abtropfen lassen. In einem kleinen Topf mit Gemüsebrühe aufkochen. Die Hitze reduzieren und die Linsen in 10–12 Minuten gar kochen.

Inzwischen die Schalotte schälen und fein würfeln. Den Eisbergsalat in Streifen schneiden, gründlich waschen und abtropfen lassen. Die Möhren schälen und auf einer Küchenreibe grob raspeln.

Die gegarten Linsen etwas abkühlen lassen und mit Schalottenwürfeln, Aceto Balsamico und Haselnussöl verrühren. Mit Salz und Pfeffer würzen. Eisbergstreifen und Möhrenraspel in einer Schüssel mit dem Linsendressing locker vermengen.

### Tipp
Das Linsendressing kann auch mit roten Linsen hergestellt werden, die Garzeit ist dieselbe. Anschließend mit ½ Teelöffel mittelscharfem Senf oder Dijon-Senf, Weißweinessig und Walnussöl zu einem Dressing rühren.

### Schon gewusst?
Schalotten und Zwiebeln werden in den Rezepten in diesem Buch immer gewürfelt. Sie werden nicht gehackt, weil dadurch der wertvolle Saft der Zwiebelgewächse im Schneidebrett verbleibt und nicht im Gemüse.

# ROHKOST MIT WALNUSS-DIP

50 g Walnusskernhälften

1 Schalotte

½ Bio-Zitrone

4 Thymianzweige

5–7 EL kalte Gemüsebrühe

50 g frisch geriebener
Parmesan

4 EL Olivenöl

Meersalz

schwarzer Pfeffer
aus der Mühle

1 kleine Salatgurke

2 mittlere Möhren

1 Stange Bleichsellerie

1 rote Paprikaschote

### Außerdem
roter Pfeffer
zum Garnieren

Petersilie
zum Garnieren

25 Minuten

2 Portionen

Crudité – so wird Salatrohkost in Frankreich genannt. In Italien gibt es Rohkost mit einem Dip aus Olivenöl, Salz und Pfeffer, der als Pinzimonio bekannt ist. Gemüse und Salat werden bei folgendem Rezept mit separatem Dipp serviert – zum Eindippen.

Die Walnusskernhälften in ein Küchentuch hüllen (ein paar für die Deko zurückhalten) und mit dem Fleischklopfer oder Nudelholz zerkleinern. Auf einem Backblech auslegen und im vorgeheizten Backofen bei 200 °C (Umluft 180 °C) etwa 6 Minuten auf der mittleren Schiene rösten. Sobald sie duften, herausnehmen und auf einen Teller zum Abkühlen geben.

In der Zwischenzeit die Schalotte abziehen und klein schneiden. Von der Bio-Zitrone die gelbe Schale abschneiden, ohne weiße Haut. Das Fruchtfleisch zu Saft pressen. Den Thymian waschen, trocken schleudern und die Blättchen von den Zweigen zupfen.

Walnüsse, Schalotte, Zitronenschale sowie -saft, Gemüsebrühe, Thymian, Parmesan und 4 EL Olivenöl im Küchenmixer zu einer homogenen Creme aufschlagen. Mit Meersalz und Pfeffer würzen.

Das Gemüse waschen, Gurke und Möhren nach Belieben schälen. Die Paprikaschote halbieren, entkernen und Stielansatz entfernen. Sämtliches Gemüse in handliche Stäbchen schneiden und auf einem Servierteller hübsch anrichten. Nach Belieben mit rotem Pfeffer, etwas Petersilie und Walnusskernhälften garnieren. Den Walnuss-Dip separat in zwei Dip-Schälchen servieren.

### Serviervorschlag
Essig, Öl, Salz, Pfeffer am Tisch bereithalten. Jeder kann sich in einer Schale seine eigene Mischung rühren und die vorbereiteten Zutaten darin eintauchen. Dazu Butter und Brot mit Schnittlauch servieren.

### Variante
Alternativ Kohlrabi, Zucchini, Minigurken oder -tomaten servieren.

### Dip mit Radieschen
250 g Quark mit 100 g Crème fraîche sowie dem Saft von ½ Zitrone verrühren. 50 g in Stifte geschnittene Radieschen und Schnittlauchröllchen von 1 kleinem Bund unterrühren. Mit Salz, Pfeffer und edelsüßem und rosenscharfem Paprikapulver würzen.

# GRÜNE BLATTSALATE MIT DREIERLEI DRESSINGS

## Für das Erdbeerdressing
100 g Erdbeeren

1 EL Sherryessig

2 EL Olivenöl

Salz

schwarzer Pfeffer aus der Mühle

1 Prise Zucker

## Für das Himbeerdressing
½ Schalotte

100 g Himbeeren

1 EL Himbeeressig

2 EL Walnussöl

1 TL fein gehackte Walnusskerne

## Für das Johannisbeerdressing
100 g Rote Johannisbeeren

½ EL Honig (oder Ahornsirup)

1 EL Rotweinessig

2 EL Olivenöl

½ EL Schnittlauchröllchen

## Zum Servieren
150 g Blattsalate nach Wahl (z. B. Rucola, Friseé, Lollo rosso, Kopfsalat)

15 Minuten

2 Portionen

Je nach saisonalem Angebot fruchtige Dressings für einen vitaminreichen Salat mixen.

Für das Erdbeerdressing die Erdbeeren entkelchen, waschen, trocken tupfen und 50 g für die Garnitur zurückbehalten. Die restlichen Erdbeeren mit Sherryessig, Olivenöl und 2–3 EL Wasser mit einem Stabmixer pürieren. Mit Salz, Pfeffer und Zucker würzen.

Für das Himbeerdressing die Schalotte schälen und fein würfeln. Die Himbeeren waschen, trocken tupfen und 50 g für die Garnitur zurückbehalten. Die restlichen Himbeeren mit Himbeeressig und Walnussöl aufmixen. Mit Salz und Pfeffer würzen und zuletzt die Schalottenwürfel sowie die gehackten Walnüsse unterziehen.

Für das Johannisbeerdressing die Johannisbeeren waschen, von den Rispen abstreifen, trocken tupfen und 50 g für die Garnitur beiseitestellen. Die restlichen Johannisbeeren mit Honig, Rotweinessig und Olivenöl fein mixen. Mit Salz und Pfeffer würzen und zuletzt den Schnittlauch unterziehen.

Blattsalate nach Wahl putzen, waschen, trocken schleudern und entsprechend klein zupfen oder -schneiden. Auf Tellern anrichten und löffelweise mit dem Dressing der Wahl überziehen. Mit den entsprechenden Früchten garnieren.

DAS SCHMECKT NACH SOMMER

# REGISTER

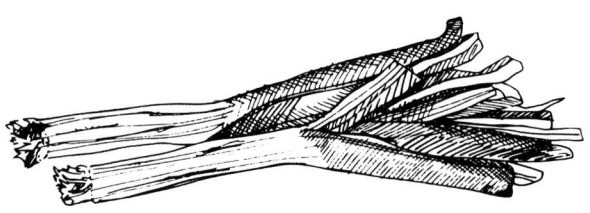

## ÜBER DIE AUTORIN

Rose Marie Donhauser arbeitet seit 1988 als Food- und Reisejournalistin, Restauranttesterin und sehr erfolgreiche Kochbuchautorin. Viele Bücher erhielten Auszeichnungen, wie z. B. Silbermedaillen der Gastronomischen Akademie Deutschlands, Goldene Lorbeeren aus der Schweiz oder Gourmand World Cookbook Awards. Die gelernte Köchin, die in Berlin lebt, ist dem Genuss und der Gesundheit immer auf der Spur. Unterwegs auf Gourmetreisen in der ganzen Welt, holt sie sich Anregungen und setzt die Ideen in Rezeptentwicklungen um.

www.donhauser-essklasse.de

## DANKSAGUNG

Ich möchte allen meinen zahlreichen Gästen danken, die jedes Mal mindestens vier bis fünf neue Rezepte probieren „müssen". Und Danke auch für Hinweise, Korrekturen und Diskussionen in solchen Runden, die immer wieder einen schönen kulinarischen Abend ausmachen.

Vielen Dank an House Doctor und Kähler Design für die Bereitstellung von schönem Geschirr.